UP Collection

新装版

戦後政治と政治学

大嶽秀夫

東京大学出版会

UP Collection

POLITICS AND POLITICAL ANALYSIS IN POSTWAR JAPAN

Hideo OTAKE

University of Tokyo Press, 2013

ISBN978-4-13-006502-3

はじめに

戦後日本の社会科学は、天皇制ファシズムの分析を出発点とし、その後も（少なくとも高度経済成長の成果が明らかになる一九五〇年代末までは）、現実政治的な問題関心から、戦前の体制との連続性、ないしは戦前の政治体制への復帰の可能性を中心的な研究課題とした。当時の社会科学は政治の分析を常に中心的な課題としたわけである。そして、戦後政治学は、この学際的な風潮の中に誕生し、それとともに歩んできた。戦後政治学の歴史を語ろうとすれば、必然的に、他のディシプリンを含めた社会科学全体の動向に目を向けざるをえない。戦後政治学の形成と発展とを検討しようとした本書が、政治学以外のさまざまな分野における政治分析をも取り上げたのはそのためである。それらの学際的な研究とのかかわりと比較を無視して、戦後政治学の歴史を語ることは不可能だからである。

本書では、以上の認識を前提として、敗戦前後から一九五〇年代末までの十数年間に公刊された、日本政治に関する同時代的な分析のうち、主要な業績と思われる一〇あまりの業績を取り上げ、その内容を考察するとともに、方法論的な観点からも検討を加えた。取り上げた業績が、いずれも天皇制ファシズムと五〇年代の保守・反動の動きを対象としたものであるのは以上のような理由による。したがって、戦後における政治学の歴史を扱っているとはいえ、日本以外の国を対象とした政治研究や、純粋に理論的な政治学研究、あるいは日本政治史研究などは含まない。他方、分析手法の上では、政治学をはじめ、経済史、政治思想史、社会心理学、法社会学などさまざまなアプローチをとった日本政治分析を取り上げている。

付論で詳しく論ずるように、筆者は、政治学はディシプリンとして未だ固有の理論的方法をもたず、記述的な分類学を別とすれば、他の分野で開発された手法を「政治」現象という対象領域に導入して「応用」する学問としての性格が強いと考えているが、前述のような事情から、この時期の政治研究はまさにそうした特徴が濃厚である。そして、当時は、さまざまなアプローチによる多様で優れた政治分析の成果が輩出した時期でもあった。そうした学際的な意味での戦後「政治学」の歴史に関して、政治学者の側から書かれた著作がないことが、本書執筆の動機の一つである。しかし実は、もう一つの、より重要な動機は、近年、政治学専攻の学生ばかりでなく、専門的な若手研究者の間でも、戦後のいわゆる近代政治学の成果が過去のものとなって、豊かな可能性をもったその伝統が失われつつあることを残念に思う気持ちにある。筆者の理解するところ、戦後政治学の伝統とは、単に「反体制的」な現実政治的態度を堅持するところだけにあったのではなく、何よりも（以下本文で具体的に指摘するように）新たな分析手法を大胆に導入する革新性と多彩な学際性とにあったことを（特に若手研究者に対して）強調したい。その伝統が継承されることは、筆者の願いである。本書が、そうした読者に対する「読書案内」の役割を果たすことを期待したい。

ただ、本書は、単なる読書案内として、それぞれの業績を紹介するものではない。「政治学」的業績を当時の「現実政治」の背景から再検討すると同時に、当時の「政治学」の方法論的な基礎の検討にも、力点を置いている。後者の問題を詳しく検討しているのは、以下のような理由による。（国立大学では通常法学部に設置されてきた）狭義の政治学についていえば、当時は、政治史や思想史の研究家が、強い現実政治的な関心の下に、理論的トレーニングの意味を十分自覚することなく、現状分析に参入するという伝統が形成された時期である。その結果、学際性が高められ、それが本書で取り上げたような優れた業績となって結実したのであって、そのこと自体は評価すべき点である。しかし、他面で、ディシプリンとしての側面からみると、政治学者が、自らの政治分析の基礎たる方法的な問題について比較的無自覚で、導入した手法がもつバイアスと限界とについての認識を深めることができず、そのことがまた、他の分野で開発されたアプローチの成果を（狭義の）政治学として継承する場合に重大な障害となった。今日もなお、大学院レベルの教育において、正規の理論的トレーニングが十分に行われていないこともあいまって、政治学者の方法論的な自覚は弱いままである。本書は、そうした問題関心から、現代政治学叢書の一冊として公刊した前著『政策過程』に引き続いて、政治分析の方法論を、戦後政治学を素材にして検討し、その側面への関心を喚起しようとした著作でもある。

ところで、戦後政治についての学際的研究の諸成果を、一人の研究者が評価することは大きなリスクが伴う。専門的バックグラウンドをもたない研究領域を検討の対象とするからである。事実、本書の基礎となった論稿を東京大学出版会の小冊子『ＵＰ』誌に連載した折りにも、幾人かの方々から厳しい批判や親切な助言を受け、再検討を加えた箇所も少なくない。しかし、一つの視点から見た当時の「政治学」の鳥瞰図を試みることは、そのリスクを冒してもなお意義のあることと考え、さらにさまざまな批判を受けることを覚悟の上で（あるいはそれを期待しつつ）、この連載に大幅な加筆、修正を行って、本書のようなまとまった形で公刊することとした。「戦後政治学」は、当時の学界、さらには日本社会に、遠慮のない批判と反批判の風潮を導入し、日本文化のもつ権威主義の伝統と闘おうとした。それを考えれば、現在では社会科学の大御所となった各界の「権威」に対し「無礼」な発言をするリスクを負う方が、厳しい論争を回避するような権威主義的文化の復活を増長するリスクを冒すよりも、戦後政治学の精神に即した在り方であろう。その意味でも、本書は、戦後政治学の創始者たちが築いた伝統を意識的に継承しようとした試みである。一後輩による無遠慮な批判をご容赦願えれば幸いである。

なお、以下では、「本書」とは、この『戦後政治と政治学』を指し、各章で引用する著作には「同書」という表現を用いる。また、著者については、原則としてその姓をそのまま用い、「筆者」という場合は、本書の著者、すなわち大嶽を指す。

第Ⅱ部第五、六章の研究、執筆にあたって、文部省科学研究費・重点領域研究「戦後日本形成の基礎的研究」の研究助成を受けた。本書はその成果の一部である。

目次

第Ⅰ部　天皇制ファシズムの諸相

第一章　占領改革のイデオロギー的背景
――ハーバート・ノーマン――

敗戦直後においては、マルクス主義が日本の知識人の間に圧倒的な影響力をふるったが、その原因は単に、非転向を貫いた共産党員の道徳的優越への称賛、あるいは、反ファシズム闘争の中核となった社共共闘におけるマルクス主義のイデオロギー的優位という当時の全世界的な思想状況といった政治的要因によるばかりではなかった。学問的にも、マルクス主義分析が、ファシズム→世界戦争→破局という歴史の基本方向について的確な予言能力を示しえたからであり、また当時、日本社会に対して総体的な分析を加える力を唯一示しえた社会科学であったからでもある。さらにまた、本書の文脈で重要なことは、以下で述べるように、占領改革が、マルクス主義的分析と共通するイデオロギー的基礎に立っていたという事実である。

ここに取り上げるハーバート・ノーマンの *Japan's Emergence as a Modern State : Political and Economic Problems of the Meiji Period*, Institute of Pacific Relations 1940（大窪愿二訳『日本における近代国家の成立』[1]）は、占領改革を主導したニュー・ディーラーが抱いた米国のリベラル左派のイデオロギーを表現しているが、その基礎には、マルクス主義的発想が濃厚に反映している。したがって、占領改革の思想的基礎、ならびに政治分析と占領政策との関連を検討するための格好の素材を提供している。さらに、同書は、先のマルクス主義がもった高い権威という敗戦当初の社会事情も手伝って、政治学を含めた日本の戦後思想の動向にも、直接、間接に重大な影響を及ぼしており、その後の日本政治学の展開の出発点として検討に値する。戦後政治と政治学を検討する本書の冒頭でこの著作を取り上げるのは、同書のもつこうした意義からである。

一　対日理解の三つの議論

同書は元来、ハーバード大学への学位論文として準備されたものであるが、その後の事情で、ニューヨークの太平洋問題調査会への報告書として一九四〇年に完成され、公刊された。(2) 当時ノーマンは、三〇歳前後で、新進気鋭の若手研究者であったが、在米中の都留重人ら友人の助けを借りて日本語文献に当たるとともに、(3) 彼自身のヨーロッパ史に関する歴史知識をもとに随所に西欧との比較を試みている。当時のアメリカにおける日本史研究として第一級の著作であるばかりでなく、今日の水準で見てもなお、十分に魅力ある研究であるのは、そのためである。一九四七年に邦訳され、日本でも大きな反響を呼んだ。

執筆の事情からも分かるように、同書は当時の極めて「今日的」な関心に貫かれている。すなわち、太平洋問題調査会は一九三七年、ノーマンに、日本の中国侵略の背景とその全面的拡大の可能性を分析、検討することを要請し、同書はこれに応えて執筆されたものである。それが数年後に、占領改革に従事するＧＨＱの米軍人たちの手引き書となったことは自然な成り行きだったといえよう。ノーマン自身、カナダ政府からいわば出向の形でＧＨＱ民間諜報局調査分析課長として敗戦直後日本に滞在し、日本政治の情勢分析に従事した。そしてその後も、ワシントンの極東委員会におけるカナダ代表部次席を務め、さらに、東京のカナダ代表部が設置されるとその初代主席として活躍した。こうした立場から占領行政に直接関与し、日本の民主化に尽力したのであるが、その間、特にＧＨＱ在職中は、マッカーサーの信頼を得ていたといわれる。[4]また、新憲法草案の執筆をはじめ戦後諸改革の立案・実施の上で中心的な役割を演じたケーディスも、ノーマンの話から影響を受けたと述べている。[5]

当時、日本についての本格的研究が皆無であったことからいって、日本で育った数少ない専門家としてのノーマンの著作が注目を集めたことは、当然のことで、なんら説明を要しない。しかし、それに加えて、同書には占領軍における改革者たちに訴えるイデオロギー的要素があったことも見逃せない。それは改革の担い手となったニュー・ディーラーのイデオロギーにまったく適合的であったし、日本社会についての構造的理解を示しており、その分析が改革の指針としての具体的なプランを明確に含意していたからである。

戦争終結時、米国においては、大きくいって三つの対日理解が存在し、それぞれが対日政策上の路線を形成していた。第一は、「日本人性悪説」とでもいうべき説で、日本の侵略や残虐行為を人種的属性（「侵略性」「残虐性」）から解釈し、したがってこれを改革することは、少なくとも近い将来は、不可能であるとの主張であった。この説は、ドイツに対しては、モーゲンソー・プランと呼ばれる提言として有名であるが、日本に対しても戦争中は米政府内でも国民の間でも広い支持を受けていた(6)。この観点に立つと、日本を国際社会から隔離するか、工業を禁止して農業国にとどめておくとの政策提言となろう。問題を文化的にとらえると、制度改革の可能性や成果にペシミスティックになるのは当然である。同じロジックから、極めてドラスチックな制度改革としての占領改革にもかかわらず、(丸山真男によって先鞭をつけられた)戦後日本政治学が軍国主義復活への警戒を長く維持しつづけたことは、その「政治の文化的解釈」によるところが大きいことも理解できよう。(もっとも、文化の永続性の認識は、文化相対主義として、日本に対する寛大な処置を導く論理ともなりうる。ルース・ベネディクトがその代表的論者であろう。)

その対極に位置する第二の主張は、日本の侵略を一握りの軍国主義者の責任とみなし、一時的な「誤り」であって、民族的、文化的にはむろん、政治・経済の制度にもなんら問題はないとする説である。これがさらに極論化すると、戦争の責任は、一九三〇年代の国際環境にあって、米国をはじめ連合国もまた、その(日本に対して敵対的な)国際環境を形成した点で責任があったとする議論に展開する。敗戦当時の日本のエリートによって主張された議論である。連合国政府内部では、ブレトンウッズにおける自由貿易体制の構築にかかわった米英の経済政策エリートがこうした解釈を抱いていたし、戦時中の対日政策決定者としては、バレンタインなど米国務省の知日派、親日派にも共有された認識である。また冷戦開始後のダレスらによる米国の対日政策の基本が、大筋においてこの議論の前提に立ったことはいうまでもない。第一次大戦の開始について英仏とドイツとは同様の責任をもつという解釈がありえたが、第一次大戦後のドイツとのアナロジーで対日講和が論じられたのは、第二次大戦についてもこうした日本の戦争責任の一定の相対化を前提としていたといえよう。いずれにせよ、政策的には、軍部における一握りの軍国主義者の処分と、日本に対する寛大で宥和的、友好的な占領政策を導く解釈である。学問的立場としては、歴史的分析、特に国際関係史・外交史的分析に力点を置くと、こうした解釈に傾きやすい。

これらの議論に対して、第三に、日本の侵略はなによりも、日本国内の政治経済的構造が原因であり、その改革なしに軍国主義を根絶できないとする主張があった。この立場に立つ日本理解は、マクロな社会科学的アプローチを前提としており、構造的解釈であるといってよく、当時の米国の知識人についていえば、一九三〇年代に流行したマルクス主義的な世界観によって影響されたものである。逆にいえば、(第一の主張とは違って）制度改革に対するオプティミズムをもち、改革者的情熱を掻き立てる議論でもある。

戦争終結時には米政府内で第一の議論は影響力を失い、第二と第三の路線の対立が続いたが、占領が始まった時には、第三の路線が勝利をおさめて戦後改革が着手された。ノーマンによる著作はまさに、この第三の主張に学問的根拠づけを与えるものであった。

二　マクロな歴史的アプローチ

これまで述べてきたことから分かるように、ノーマンの分析は、現代（一九四〇年代）の日本の外交政策の分析のために、近い過去を分析するだけでは不十分で、一九世紀にさかのぼって検討する必要があるとする点でマクロな歴史的アプローチである。

この点をノーマンは、同書の冒頭で次のように述べている。「明治時代を取り扱うこの歴史論文のなかには、一九四〇年の日本について考察する読者にとって縁遠く思われる個所があるかもしれない。だが明治日本は現代日本のうちに多分にあとをとどめているばかりか、むしろ盛んな勢いをすら示しているのであって、たとえば、官僚ならびに軍人階層の発達とその網の目のように細分された機構、政党と議会の無気力状態、企業に対する国家の干渉、おびただしい中・小企業の発生、西洋の技術の日本的必要への適用、人口過剰の農村と小規模農地と土地に餓える貧農を抱えた農業機構における恐慌の反復的襲来、ならびに国内市場の貧弱な購買力――これらは現代日本の生活全体を形成してきたもろもろの現象のうち比較的顕著なものの一部にすぎない。このような事態は明治時代についていくらかの認識をもたずにはとうてい理解しえないものである。さらに、明治時代の背景として、それに先だつ徳川時代の特質を明確に把握することがぜひとも必要である」（一〇頁）。

現代政治の理解のために過去にさかのぼるというこの発想は、ノーマンの影響というわけではなかろうが（というよりむしろ、ノーマン自身が歴史学的学風が濃厚な当時の日本の社会科学の伝統を反映していたという方が実状に近いのであろうが）、日本の大学の法学部において広義の政治学の一講座として政治史が制度化されていたことも手伝って、戦後日本の政治学の基本的アプローチとしてもっともポピュラーな分析方法の一つとなった。

ところでノーマンの分析は、日本の外交を見る場合にも、国際関係史の分析ではなく、何よりも国内の政治経済構造に焦点をあてるという意味で国内史的であり、(7) さらに（のちに見るように）経済構造の理解が決定的であると見る点で、経済史的アプローチであるということができる。

このように満州事変後の日本の外交政策の分析としては、極めて迂回的であり、かつマクロ的である。以下、章を追いつつ彼の分析の基本構造を検討してみよう。（いうまでもないことであるが、ノーマンの著書は以下のような図式では表現できないニュアンスに富んだものであるが、ここでは彼の基本的な発想と分析枠組みだけを問題にする。）

問題提起の章である序章のあと、ノーマンは、第二章で、以上の観点から明治維新の背景を分析する。ここでは、日本が封建社会の内部的危機と西洋列強の圧力によって「一気に」近代的工業社会へ転換することを余儀なくされた事情が指摘され、この転換の速度こそが、のちの日本社会の特殊性（今日の言葉で言えば「歪み」）を生む最大の原因となったとされる。そしてその特殊性は何よりも日本という国家の専制的性格であり、言い換えると封建性、前近代性の残滓であったとされる。ノーマン自身の言葉を借りよう。

「歴史的情勢の急迫、言いかえれば、他国が数世紀もかかって成しとげたことを日本は一世代のあいだに作りあげねばならなかったという事実は、日本が自由主義的な制度というような贅沢品に時間をかける余裕をもたなかったことを意味する。日本は経済上の自由放任《レッセ・フェール》の段階とそれに対応する政治的側面

――ヴィクトリア朝風の自由主義とを省略して、一気に封建制度から資本主義へと飛躍した。このように、速度こそは近代日本の政治・社会形態を決定した要因である。日本は近代国家の樹立、(有利な国際的勢力均衡によっても、また中国を障壁としても、永久に引き延ばしておくことのできない)侵略の危険を受けとめるための最新式国防軍の建設、武装兵力の基礎となる工業の創始、工業的近代国家にふさわしい教育制度の形成を同時に成しとげねばならなかったが、その速度のゆえに、これらの重大な変革は民主主義的代議制度を通じて人民大衆の手によってではなく、少数の専制官僚によって達成されたのである。この軍事的官僚は一般国民よりはるかに進んでいたから、商人や農民などをはじめ不平の多い、しかもまだ十分に覚醒しない国民を背後にひきずってゆかなければならなかった。専制的・保護的手段は、明治の指導者にとって日本を植民地的国家の列に落させないための唯一の可能な手段であった」(七八～七九頁、傍点原文)。以上が日本の近代史に対するノーマンの基本認識である。

続く第三章では、ノーマンの政治構造に関する分析にとって中心的概念となっている「封建勢力と大商人〔ブルジョアジー〕の連合」が呈示され、説明される。まず、ノーマンは、下級武士＝商人連合が明治維新の主導力であった、それが徳川時代の大名＝商人連合の一ヴァリエーションであったと指摘する。さらにまた、明治維新は何よりも農民不在の変革であり、したがって農業構造に基本的変化は生まれなかったとする。そのことは、農村社会において封建的秩序が温存されたことを意味する。

第四、五、六章では、これを受けて、明治維新の「社会的帰結」たる明治初期の工業化および農業社会の基本構造と、それが政治に与えた影響とが分析される。ここでは、これを図1、2のように図式的

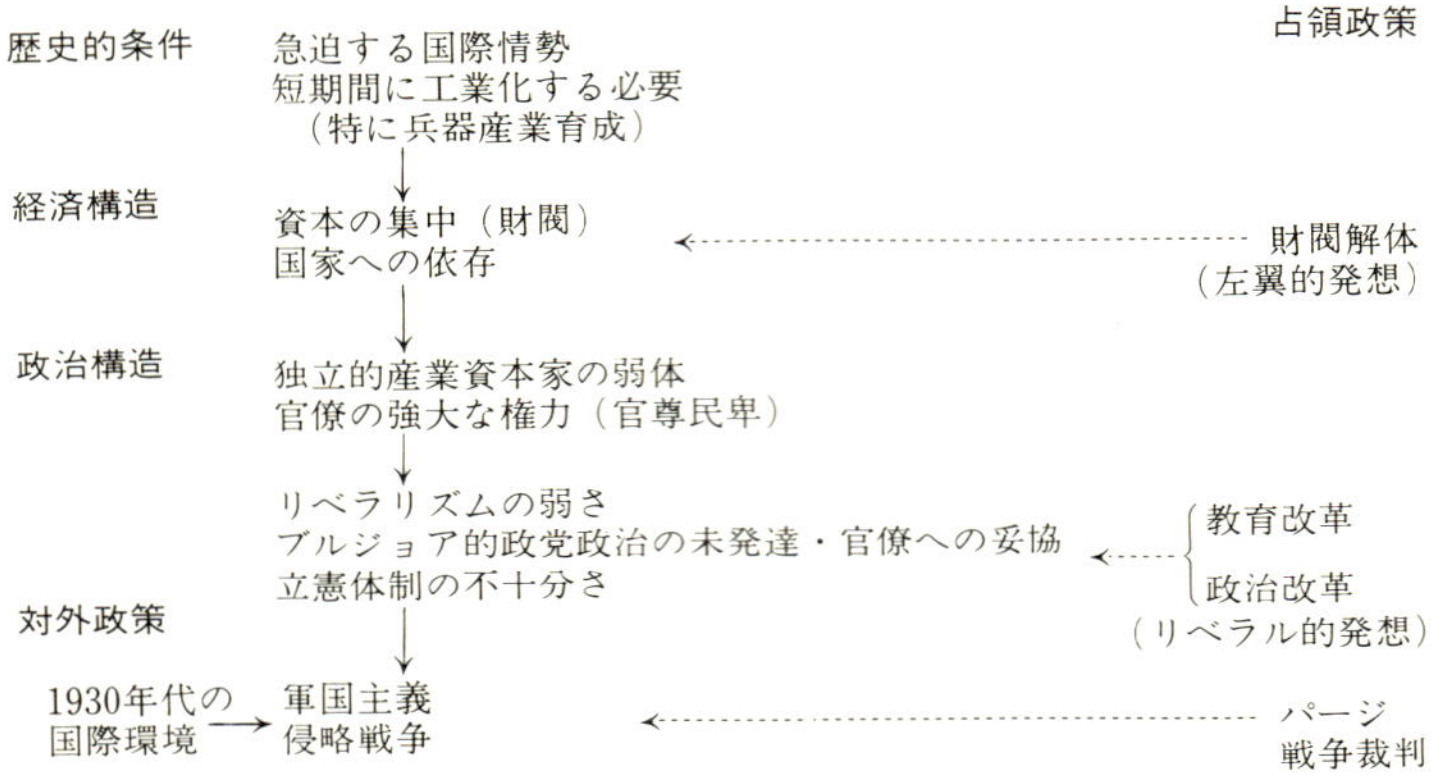

図1　明治初期における工業化の特徴が与えた影響

に要約しよう。（なお、第六章の七～九は、直接、対外政策の分析にあてられているが、以上の経済史的分析からは演繹されておらず、当時の国際状況から直接説明されていて、方法的には異質な分析である。）

図1、2には、以上の分析が占領改革にいかなる含意をもっていたかについての筆者の認識を、右端に記入した。ノーマンの分析を前提とすれば、たとえば財閥は一九三〇年代の行動からいってリベラルな平和勢力であり、戦争に責任はないという主張が占領軍にどう反駁されたかが推論されよう。確かに財閥勢力は戦前において戦争に反対した勢力であり、戦争終決にも重要な役割を演じたことは、否定できない。（もっとも戦争経済から利益を得なかったわけではないが。）政治を微視的にみれば、彼らにこの意味での戦争責任がなかったことは明白である。しかし、経済構造の観点からみれば、彼らの存在形態そのものが、（間接的に）侵略戦争を誘発せずにはおかない要因となっているというわけである。したがって、軍国主義の再発を防ぐ

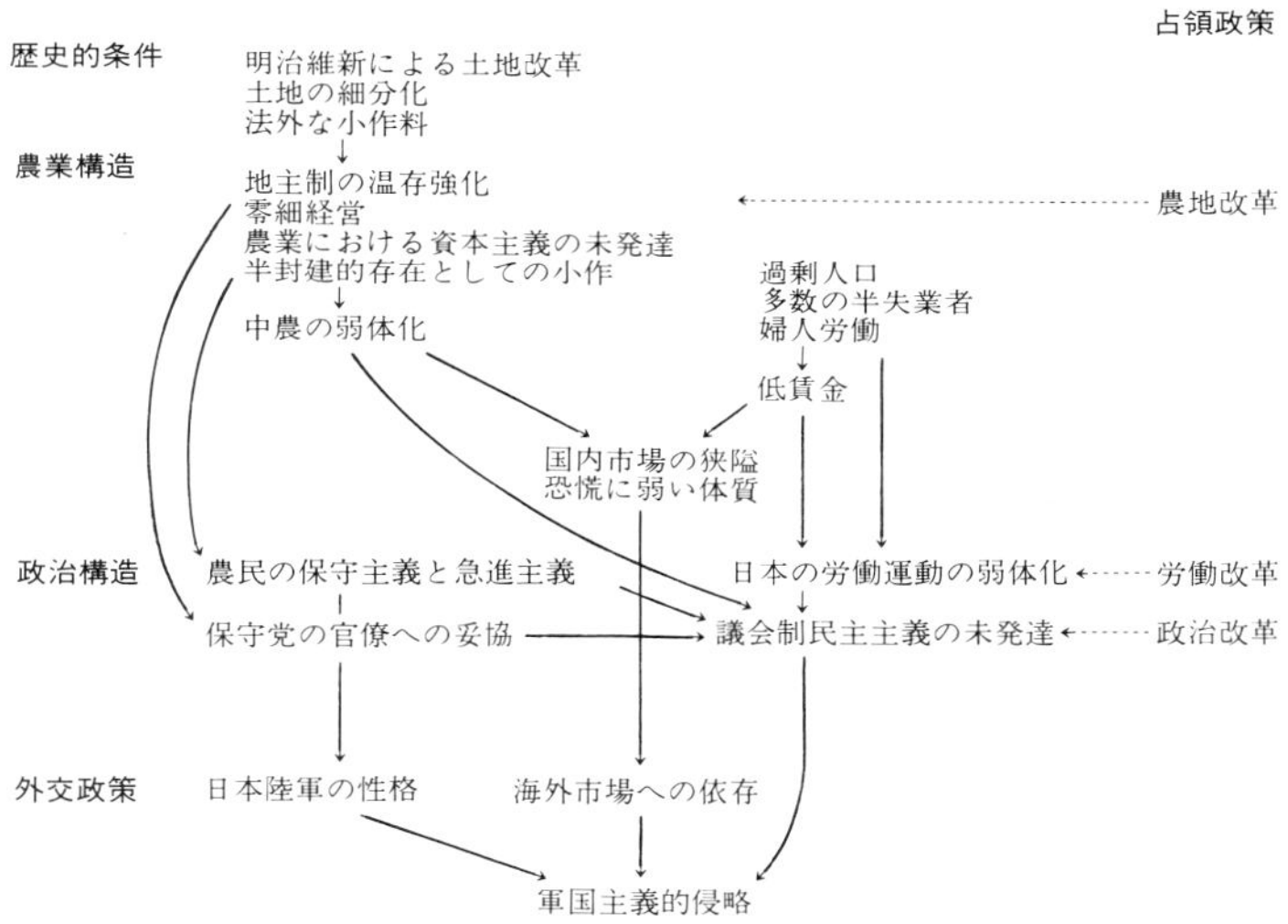

図2　明治維新の土地改革が与えた影響

ためには、財閥の解体が不可欠であるとみなされる。地主の場合も同様である。ここでは、普通にいう政治責任が問題になっているのではない。社会科学的な構造的連関が問題にされているのである。占領改革は基本的にはこうした論理によって貫かれている。

ところで、以上の因果連鎖は、単なる時間的因果関係を示しているのではない。それ以上に、マルクス主義にいう下部構造と上部構造との構造的因果関係を表現している。そして、改革がこの下部構造に進めば進むほど、より重大で長期的効果をもつ変革を引き起こすものと認識されている[8]。こうした前提から、いわゆる政治改革を超えて、その背景にあるとされた経済構造の改革を試みたという点で、この占領改革はブルジョア自由主義改革を超えていた。侵略戦争は経済構造こそが原因であるとするその基本的前提の点で、この改革はマルクス主義的であったといえよう。

もっとも、こうしたマルクス主義的発想では個人の責任が問題とならないということは、政治的には両義的である。戦後西ドイツでのような個人の戦争責任、ナチス犯罪の責任に対する厳しい追及が日本で見られなかったことの一因に、こうした左翼的発想があったと考えられるからである。また、マルクス主義的な議論からは、原理的には、被侵略国に対する「民族的」責任の問題も浮上しない。日本国民も、同様に被害者であるとみなされるからである。この姿勢は、ノーマンやその他の左派的な占領改革者にも共有されていた。この発想にもとづいて、戦後、戦争責任を絶えず問題にしてきた日本の左翼も、もっぱら日本国民の被害体験という観点から戦争の悲惨さを力説し、支配層の責任を追及してきたにすぎない。日本で、一九八〇年代初頭まで（韓国や中国が外交的にこの問題を取り上げて日本を批判するようになるまで）、保守派ばかりでなく、左翼もまた、日本人の他民族に対する戦争責任の問題を無視してきたことには、こうした背景があったと思われる。

三　ノーマンと講座派

以上のノーマンの分析は、マルクス主義分析としてみれば、正統的ではない。これまでしばしば指摘されているように、ノーマンの分析は、そしてGHQの基本的前提は、（日本におけるマルクス主義の一学派たる）「講座派」的である。それは日本（資本主義）の特徴を、封建性、後進性、前近代性に求めており、したがって日本ファシズムを後期資本主義による「帝国主義」とみる労農派の見解と厳しく対立する。講座派は、資本主義を厳しく糾弾する正統的マルクス主義の伝統からいえば、明らかに異端である。この系列の上に立って、ノーマンも、日本の問題を何よりも資本主義の正常な発展を妨げている要因にあるとする。すなわち、資本主義そのものの矛盾は問題とせず、資本主義それ自体が反動性をもつとは考えていない。分析方法がマルクス主義的であっても、分析そのものがマルクス主義とは明確な一線を画しているのはそのためである。講座派的解釈の一つの論理的帰結というべきであろうか。

ところで、もともと講座派にあっては先進資本主義国を、後進国日本と比べて、美化、賛美する傾向があった。それは、共産党の解放軍規定にも端的に表現された。こうした傾向は、占領軍には当然のことながら一層甚だしく、アメリカやイギリスの「帝国主義」を問題にする姿勢はまったくない。ノーマンの分析は、その表現であるといってもよい。（実はこの点は、丸山真男など近代政治学にも基本的に継承される。）占領改革が、その前提にマルクス主義によって影響をうけた発想をもちながらも、アメリカン・リベラリズムの改革であったこともまた、その反映である。

そして、この日本の社会構造の後進性という解釈は、出発点においては文化論、民族性といった議論とは一線を画していながらも、他方で日本的特殊性という解釈に傾斜していく傾向をもつ。戦後のマルクス主義者が、いわゆる近代政治学者と同様、占領改革の成果をほとんど評価せず、戦前戦後の連続性を強調するようになるのは、一つには、（ほとんど文化論と区別できないほどの）日本的特殊性への抜き難いこだわりと反発とを抱いていたからである。ただ、ノーマンの分析に限っていえば、日本の特殊性を、工業化のタイミングと速度という特定しやすい要因から説明しているため、文化といった特定しにくい要因から説明しようとする戦後の「近代政治学」よりは、日本特殊論に傾斜する危険から免れているといえよう。

むすび

以上に見てきたように、ノーマンの研究は、経済史的アプローチをとったマクロな現代政治分析であり、経済構造の政治的「帰結」という構造的連関に関するスケールの大きな分析である。その後、明治大正期の経済史に関する研究は長足の進歩を遂げ、その意味では同書は今日既に時代遅れの書物である。特にノーマンが依拠した講座派的な戦前日本経済の解釈は、学界では現在ほとんど説得力を失っている。(9) しかし、一九四〇年という時期に（しかも三〇歳前後の外国人研究者によって）これだけ体系的な分析がなされたということは、高く評価すべきことではあろう。

ただ、占領軍の権威によって強化された講座派的解釈は、日本の社会科学（および一般の知識人）が日本政治の問題を考える際に、二つのバイアスを生んだ。すなわち、一方で日本特殊論へ傾斜する傾向と、他方で（国際的要因を軽視して）国内的要因に関心を集中する傾向とがそれである。この傾向は、今日もなお、日本の知識人の弱点であるように筆者には思われる。

(1)　引用は岩波書店版の『ハーバート・ノーマン全集』第一巻・一九七七を利用した。
(2)　太平洋問題調査会については、油井大三郎『未完の占領改革』東京大学出版会・一九八九に詳しい。

（3）ノーマンの日本語読解能力が専門書を読みこなすには十分ではなく、日本人の友人の助けを借りていたことは、George Akita, "An Examination of E. H. Norman's Scholarship," *Journal of Japanese Studies*, Summer, 1977 が明らかにしている。ノーマンは宣教師の子供として日本で育ったが、日本語で正規の教育を受けてはいない。また、大学時代に専攻したのは、古典文学（トロント大学）とヨーロッパ中世史（ケンブリッジ大学）であって、日本歴史にはいわば「新規参入者」であった。

（4）この事情については、中薗英助『オリンポスの柱の蔭に――ある外交官の戦い（上）（下）』毎日新聞社・一九八五に詳しい。また、ノーマンについての最近の伝記としては、工藤美代子『悲劇の外交官』岩波書店・一九九一がある。

（5）馬場伸也『アイデンティティの国際政治学』東京大学出版会・一九八〇・五〇頁。もっとも、ダワーは、ケーディスがノーマンの著作から影響を受けたと述べているが（John W. Dower ed., *Origins of the Modern Japanese State : Selected Writings of E. H. Norman*, Random House, 1975, p. 40）、筆者が（一九九三年四月三〇日の神戸大学法学部での研究会出席のための）ケーディス来日の際に確認したところでは、彼はノーマンのこの本を読んだことはないという返答であった。同席した（憲法草案作成にも関与した）ベアテ・シロタもノーマンの本は読んだことがないと証言した。ノーマン研究者の間では、占領改革に対するノーマンの「直接的影響」が過大視されているようである。なお、戦後日本におけるノーマンの人気の背景に、当時の日本の知識人の間にはヨーロッパ的素養に対する高い評価（「憧憬」）があり、それがアメリカ文化の底の浅さへの蔑視につながっていたという事情があった。イギリスに学び、ヨーロッパ文化に関する素養のあるノーマンは、「無教養な」米軍人たちの中では、日本の知識人からは一層高い評価を受けたように思われる。

（6）五百旗頭真『米国の日本占領政策（上）』中央公論社・一九八五・二七五〜二八〇頁、入江昭『日米戦争』中央公論社・一九七八・一五四〜一五五頁。また、John W. Dower, *War without Mercy : Race and Power in the Pacific War*, Pantheon Books, 1986（斎藤元一訳『人種偏見』ＴＢＳブリタニカ・一九八七）参照。

（7）（先に述べたような）同時代的なものであろうと、（徳川末期にまでさかのぼる）歴史的なものであろうと、国際経済的要因を重視すれば、日本の対応が免責される可能性が高いことに注意。

(8)　日本の占領に関与したニュー・ディーラーたちが、この点に自覚的であったことは、たとえば、労働改革を主導したコーエンの回想に明瞭に読みとれる (Theodore Cohen, *Remaking Japan*, The Free Press, 1987. 大前正臣訳『日本占領革命』TBSブリタニカ・一九八三)。ちなみに、コーエンは、来日前からノーマンと個人的親交があったと述べている (邦訳・上・三二四頁)。

(9)　たとえば、大谷瑞郎「H・ノーマンの日本近代国家成立史論」『武蔵大学論集』一九九〇参照。

第二章　戦後政治学の出発点としての「超国家主義」分析

――丸山真男――

マルクス主義分析、あるいはその流れをくむノーマンの研究が、戦後日本の社会科学の出発点であったとすれば、丸山真男による天皇制ファシズム分析は、戦後におけるいわゆる「近代政治学」（当時は「モダン・ポリティックス」とも呼ばれた）の誕生を告げるものであった。本章では、この近代政治学の原点となった彼のファシズム分析とその方法論上の議論について、『現代政治の思想と行動』(1)所収の論文を中心に検討を加えたい。

一　超国家主義分析のアプローチ

前章で述べたように、敗戦直後の日本では、マルクス主義分析が日本の知識人、労働者の間に圧倒的な影響力をもった。この政治・思想状況の中で、丸山真男は自らの分析を、ファシズムの「社会的経済的背景」に関するマルクス主義による分析を補完するものとして呈示した。政治的な含意としては、財閥解体、農地改革、憲法制定など（前述のようなマルクス主義的分析を前提として断行された）制度改革が行われたにもかかわらず、制度を支えるべき「国民精神の真の変革」が遅れているという状況認識にもとづき、この「政治意識」の変革を行うイデオロギー的基礎を提供したわけである。すなわち、「現在なお国民はその〔超国家主義の〕呪縛から完全に解き放たれてはいない」（一二頁）が故に、今、この超国家主義の「思想構造乃至心理基盤の分析」が急務であると主張したのである。

さて、以上の問題関心の下に、丸山は日本のファシズムについて（同書に収録された）三つの論文を執筆、公刊している。その第一は、「超国家主義の論理と心理」と題された論文で、一九四六年の執筆である。以下に述べる方法上のユニークさに加え、左翼的で堅苦しい文体が横行している中で、そのほとんど文学的ともいえる表現、文体によって注目を集めた小論である。

この論文は、超国家主義を二つのアプローチで分析する。一つは、思想史的接近であり、ホッブズ以来のヨーロッパ思想史との比較を主軸にする。他の一つは、心理学的接近であり、ラスウェル以来アメリカ政治学に導入された分析と同一の手法である。後者について丸山は、当時のアメリカ政治学に精通していなかったので、独自に概念を作り出したと後に述懐している。「具体的感覚的天皇への親近感による自己の利害と天皇のそれとの同一化」、「抑圧の移譲による精神的均衡の保持」といった概念が、その例であろう。

丸山は、近代ヨーロッパの国家原理を次のように述べることから、分析を開始する。宗教改革に続く一六、七世紀にわたる長い間の宗教戦争をへて成立した「ヨーロッパ近代国家は、カール・シュミットがいうように、中性国家（Ein neutraler Staat）たることに一つの大きな特色がある。換言すれば、それは真理とか道徳とかの内容的価値に関して中立的立場をとり、そうした価値の選択と判断はもつぱら他の社会的集団（例えば教会）乃至は個人の良心に委ね、国家主権の基礎をば、かかる内容的価値から捨象された純粋に形式的な法機構の上に置いているのである」（一三頁）。「ところが日本は明治以後の近代国家の形成過程に於て嘗てこのような国家主権の技術的、中立的性格を表明しようとしなかつた。その結果、日本の国家主義は内容的価値の実体たることにどこまでも自己の支配根拠を置こうとした」（同）。そのため、近代ヨーロッパにおける原則、すなわち、「『内面的に自由であり、主観のうちにその定在《ダーザイン》をもつているものは法律のなかに入つて来てはならない』（ヘーゲル）という主観的内面性の尊重とは反対に、〔日本では〕国法は絶対的価値たる『国体』より流出する限り、自らの妥当根拠を内容的正当性に基礎づけることによつていかなる精神領域にも自在に浸透しうるのである」（二五頁）。

かくて、絶対主義の理論家ホッブズに見られるように、ヨーロッパでは、主権者が「前以て存在している真理乃至正義を実現する」のではなく、「主権者の決断によつてはじめて是非善悪が定まる」こととなった（一七頁・傍点原文・以下同様）。これに反し日本では、「主権者自らのうちに絶対的価値が体現」されており、「倫理が権力化されると同時に、権力もまた絶えず倫理的なるものによつて中和されつつ現われる。公然たるマキァヴェリズムの宣言、小市民的道徳の大胆な蹂躙の言葉は未だ嘗てこの国の政治家の口から洩れたためしはなかつた。政治的権力がその基礎を究極の倫理的実体に仰いでいる限り、政治の持つ悪魔的性格は、それとして率直に承認されえないのである。……〔したがって、ここでは〕すべてが小心翼々としている。この意味に於て、東条英機氏は日本的政治のシンボルと言い得る。そうしてかくの如き権力のいわば矮小化は政治的権力にとどまらず、凡そ国家を背景とした一切の権力的支配を特質づけている」（一九頁）。

丸山は、これに続いて、捕虜収容所における虐待行為に触れ、日本では戦犯の被告たちが、国家権力との心理的合一化を背景に、慈恵行為と残虐行為を平気で同時に行っていたことを指摘し、これをナチスの虐待行為と比較して次のように述べる。「同じ虐待でもドイツの場合のように俘虜の生命を大規模にあらゆる種類の医学的実験の材料に供するというような冷徹な『客観的』虐待は少くも我が国の虐待の『範型』ではない。彼の場合にはむろん国家を背景とした行為ではあるが、そこでの虐待者との関係はむしろ、『自由なる』主体ともの（Sache）とのそれに近い。これに反して日本の場合はどこまでも優越的地位の問題、つまり究極的価値たる天皇への相対的な近接の意識なのである」（二〇頁）。

さらに丸山は、第二次大戦開戦の問題を取り上げ、次のようにいう。「ナチスの指導者は今次の戦争について、その起因はともあれ、開戦への決断に関する明白な意識を持つているにちがいない。然るに我が国の場合はこれだけの大戦争を起しながら、我こそ戦争を起したという意識がこれまでの所、どこにも見当らないのである。何となく何物かに押されつつ、ずるずると国を挙げて戦争の渦中に突入した……」（二四頁）。これもまた、「自由なる主体的意識」の欠如の現れに他ならないというわけである。

丸山の分析は、日本軍隊におけるセクショナリズムや私腹を肥やす風潮、一般兵士による中国やフィリピンにおける「抑圧の移譲」など、これ以外にもさまざまな日本人の行動様式を取り上げ、これらの現象が、いずれも主体的意識の欠如という原因に還元して統一的に理解できることを示してみせたので

図3

ヨーロッパ：宗教戦争

宗派間の対立および君主と教会の対立 →	中性国家（倫理的価値への中立性）公と私の区別 →	道徳の内面化 主体的自由の確立

日　　本：

上の伝統の欠如 →	倫理的実体としての国家 →	倫理性＝国家的なるものとの合一化

図4

ヨーロッパ：絶対主義

主権者の決断が正義を決定する →	主権者の命令としての法（法の形式性） →	公然たるマキァヴェリズム（ゲーリング） →	虐待者との関係＝自由な主体とものとの関係

日　　本：明治国家

主権者が絶対的価値を体現する →	倫理と権力の相互移入 →	権力の矮小化（土屋，古島） →	虐待者との関係＝優越的地位の問題（天皇との距離）

図5

ド　イ　ツ：

自由な主体意識を前提とした独裁 →	開戦への決断

日　　本：

単なる事実としての独裁 →	ずるずると開戦に突入

ある。

ここで、以上例示的に紹介した分析を、図3～図5の三つのモデルに整理し、その方法的な基礎を検討してみよう。

図3のモデルはもっぱら比較思想史的なモデルである。ここでは、自由民権論者の言葉や、教育勅語、さらには夏目漱石の小説の一節が引用され、それがカール・シュミットらによるヨーロッパ思想史についての研究成果と比較される。むろん本格的な比較思想史としては方法上問題があろうが、エッセイとしては鮮やかな切れ味を見せる。

図4のモデルは、思想史的モデルと心理学的モデルが組み合わされている。具体的には、前段でヨーロッパ絶対主義と明治国家の（思想史的な）違いが指摘され、それが後段のナチズムと天皇制ファシズムとの（心理学的な）違いを生み出したとする歴史的因果関係の記述となっている。

図5は、ファシズム期における日独の指導者についての心理学的違いと歴史的事件との連関のモデルであるといってよい。

こうした思想史的および心理学的な二つのアプローチの併用を通じて、日本の天皇制ファシズムを一方でヨーロッパ絶対主義と、他方でナチズムと比較するという二重の比較が導入されている。そして前者の面では、(「ある既存の原理の首尾一貫した発展」というヘーゲル的観点から）超国家主義を明治ナショナリズムの展開の極限として歴史的にとらえる視点（四九五頁）を、後者の面では同時代の比較政治文化論的視点を、それぞれ中心においている。この両者が、やがて日本の社会科学において、近代(明治）思想史研究および日本文化論へと発展していったのである。いわば、丸山の論文には異質な方法が組み合わされているわけである。先駆的業績たるゆえんであろう。

次いで、翌四七年に行った講演をもとにした論文「日本ファシズムの思想と運動」では、政治運動としてのファシズムを分析するために、丸山はさらに二つのアプローチを導入する。⑴イデオロギーとその社会基盤および運動形態との関連の分析のための社会学的アプローチと、⑵マクロな体制分析のための政治史的アプローチとである。

⑴についていえば、ナチズムとの比較で、日本のファシズム・イデオロギーに関して、図6のような

図６

1)　ファシズム・イデオロギーにおける

ド イ ツ：社会主義的傾向 ←プロレタリアの政治的力

日　　本：農本主義的傾向 ←農村の比重の大きさ

2)　ファシストの

ド イ ツ：組織的現実的性格←徹底した大衆動員 ←民主主義（革命）の経験

日　　本：空想的観念的性格←大衆動員の不在 ←民主主義（革命）の欠如
（既存の権力との癒着）

3)　ファシズム・イデオロギーの

ド イ ツ：一応の体系性 ←インテリも大きな役割

日　　本：低級かつ荒唐無稽←もっぱら擬似インテリ（旧中間層）が
サブリーダーに

指摘がなされる。

この論文の後半（第六節以降）では、政治史的分析により、日本のファシズム体制の特徴たる官僚的支配様式の貫徹という性格が指摘される。すなわち、日本のファシズム化においては、独伊と違って、「上からのファッショ化」が、当初は「下からのファッショ化」を利用し、やがてはそれを抑圧しつつ、最終的には軍部、官僚、財閥の「抱合い体制」として成立していったという点が、歴史的にあとづけられる。そしてドイツとの違いの背景として、民主主義革命の経験の有無や、経済的、社会的発展段階のちがいが指摘される。この部分は荒削りなスケッチであるが、それだけに（歴史的叙述であるにもかかわらず）論点が極めて明確である。

さて、この論文でも前の論文と同様、日本的特徴が主たる分析対象となるが、こうした分析は方法論的には「逸脱ケース研究」（deviant case study）と呼ぶべき分析である。比較の引照基準として用いられた欧米のケースが、正常なケースとされ、逸脱現象を生み出した要因を特定化するわけである。この点は、前章で述べたノーマン（ならびに講座派）の場合も同様であるが、ノーマンにおいては、欧米における民主主義の発展との比較を主軸にすることによって、ファシズムという逸脱を問題にしていたのが、丸山においては、ナチズムとの比較をもう一つの軸にすることによって、一層特殊日本的「逸脱」現象を問題にしている。言い換えると、ここでは、ファシズム化自体が分析上自明の前提となる結果、ファシズムが何故発生したかには研究の焦点がおかれない。その日本的特徴（の原因）だけが分析対象となる。講座派的分析以上に特殊日本論に傾斜しているわけである。

ところで、丸山の心理学的分析は、三年後に公刊された「軍国主義者の精神形態」という論文でさらに敷衍され、丸山のファシズム研究の特徴の一つが一層明瞭になる。この論文では、ナチズムとの比較において、日本の軍国主義者の「矮小性」が中心テーマとなる。ここでいう矮小性とは、ナチスのトップ・リーダーたちが、ニュールンベルク裁判において「ヨーロッパの伝統的精神に自覚的に挑戦するニヒリストの明快さ」と「『悪』に敢て居坐ろうとする無法者の啖呵」（一〇三頁）を見せたのに対し、日本の戦争指導者たちが東京裁判において、既成事実への屈服と権限への逃避という小心翼々たる態度を示したという点に典型的に認められるとされる。ここでは、日本の軍国主義者の主体的責任意識の欠如が再度指摘、弾劾されるのである。そして丸山は、ドイツと日本の軍国主義者の「どちらが一層始末が悪いかは容易に断じられない。ただ間違いなくいいうることは一方はヨリ強い精神であり、他方はヨリ弱い精神だということである」（九九頁）と断定する。ここでは、（暴力性においてははるかに徹底した）ナチズムが日本の天皇制ファシズムと比較するとまだましであった、さらには立派であったという倒錯した印象すら与える。

この論文においては、文体や用語法ともあいまって、学問的分析というより、ほとんど政治的暴露に近い政治批判が展開されているといってよい。高尚なことをいっていても実は低次元の動機、心理に動かされていたにすぎないという暴露である。それがこの論文を読んだときの痛快さの原因であるが、マス・メディアによる「真相暴露」、ジャーナリズムによる政治批判に通じるスタイルである。

ただそれ以上に注目すべきことは、この論文では、第一論文と同様、「主体性」の確立といった人文科学的伝統をもつ概念が、社会科学的分析の中で用いられていることであろう。それが、丸山の政治・社会批判の視点を形成している。このことは、丸山政治学のもっとも重要な特徴であるので、節を改めて論ずることにしよう。

二　方法論的前提と問題点

丸山真男による天皇制ファシズム分析は、思想ないし心理という個人の次元を対象としている。そのため、分析そのものが（個人）道徳の問題と密接な関連をもつ。この点は、マルクス主義的、経済史的分析の没道徳的分析とは対照的である。（マルクス主義がその背後に道徳的義憤を秘めていることはいうまでもないが、それは「客観的」分析の次元では表面化せず、またマルクス主義にもとづく占領改革のような革命も、個人の道徳的責任を基本的に問題にしていないことは既に述べたとおりである。）

実はこの道徳的色彩こそが丸山の著作の魅力であって、読者は軍国主義者への非難がまるで自分に向けられているようなショックを受ける。なぜなら、日本の軍国主義者の行動様式は、日本人の文化的特性（エーリッヒ・フロムの『自由からの逃走』[2]にいう「性格構造」personality structure）の典型として分析され、批判の対象とされているからである。つまり、既に連合国によって打倒された天皇制ファシズムの特徴の分析を越えて、戦後なお持続している日本の政治文化そのものに分析が加えられているのである。

しかも、丸山政治学の特徴として、既に指摘したように、彼の分析には社会科学と人文科学との融合が認められる。それは、彼の方法の基礎にある思想史研究という人文科学の伝統と、（アメリカなどで人文科学の代用品として大衆化し、流行した）心理学的手法とがもつ方法上の特徴に由来する。そのため丸山の論文は、政治分析である以上に文明批評の書となっている。そしてそれがまた、啓蒙的政治学として、論壇政治学を形成する一つの条件となった[3]。

この人文科学的および心理学的概念の社会現象への適用という手法は、ヨーロッパ人文科学の伝統を継承しつつ社会派心理学者としてナチズムの分析を手懸けたフロムと同様のものである。フロムの研究がアメリカで文明批判の書として広い読者層を獲得したのと同様、丸山のファシズム研究が大衆的な人気を得、今なおそれを失わないゆえんである。

ところで、『現代政治の思想と行動』には丸山自身が、政治学の方法論について議論した「科学としての政治学」（一九四七）という論文が収録されている。以下では、この小論を素材にして彼の方法的前提とその問題点とを検討してみよう。

この小論は、執筆の時代を反映して、現代が「政治の時代」であるという、次のような前提から出発している。「八・一五にはじまり、また現にわれわれの目前で引続き進行している、有史以来の改革――いわゆる民主革命と総称されているもの――はもとより狭義の政治的変革に尽きるものでなく、社会、経済、文化等われわれの全生活領域にわたる根本的な変革を包含しているものであるが、そうした巨大な変革がなにより政治的変革を起点とし、それを押し進める主体がなにより『政治的』な力であることは何人にも明白である。現在ほど国民の一人一人が『政治』のふるう巨大な力を、『政治』の吐く荒々しい息吹を自分の身ぢかに感じたことが嘗てあったろうか」(三四一～三四二頁)。

しかも、彼は、この政治化現象を単に敗戦直後の日本に特殊な事情とは考えず、現代という時代に一般的な特徴だと考えていた。そして、この政治化という点では、戦後状況は、ファシズムの時代と同様であり、その状況が近い将来変化するとは考えなかったのである。実は、この認識――「政治の時代」という状況認識――こそ、いわゆる戦後の論壇政治学の大前提なのであり、一九六〇年代における〈政治の役割が背後に退いた〉「経済の時代」の到来にもかかわらず維持された認識なのである。

この政治化状況を前提とすると、政治学者の「客観的」分析はそのまま強い政治的意味をおびることは避けられないということになる。かくて政治学者は、政治学の政治性に対して常にセンシティヴでなくてはならないと主張される。なぜなら、この政治化状況のなかでは、「価値づけから無色な政治的認識は有り得ない」という一般的認識命題は、「無色な政治的認識はあってはならない」という当為命題へと転化するからである。「この〔政治の〕世界では一つの問題の設定の仕方乃至一つの範疇の提出自体がすでに客観的現実のなかに動いている諸々の力に対する評価づけを含んでいるのである」、「〔ある特定の〕問題を認めること自体が、政治的社会的変革の一定の方向の必然性を承認することになるからである」（三五五頁）、「一切の世界観的政治的闘争に対して単なる傍観者を以て任ずる者は、それだけで既に政治の科学者としての無資格を表明しているのである」（三五六頁）という論理の展開はその表現である。

ところで、以上の引用に明らかなように、政治学の政治性は、丸山においては、（仮説・理論形成や検証の段階とは区別された、それ以前の）「問題の設定」という段階で主として問題にされている。言い換えると、政治学におけるテーマ選択の基準は、理論的重要性や検証の容易さといったいわば学問内的な基準ではなく、研究者の政治的問題関心・価値判断を媒介とした社会的要請にもとづく（べきである）ということになろう。すなわち、テーマの選定が、学問の自律的営みとしてではなく、外的なものとの関係において形成されるということである。これこそが、丸山政治学が「論壇政治学」になる重要な条件であった。学問の制度化が進むにつれて、この立場が二極分解して、専門領域としての政治学（丸山の場合は日本政治思想史）と素人（市民）的立場からの政治評論の場としての論壇とに分離するのはある意味では、時間の問題であった。

他方、丸山も仮説・理論形成と検証の段階、すなわち具体的な分析のレベルでは、価値判断を排除した客観的態度を貫くべきである、と主張する。丸山の言葉でいえば、「禁欲の精神」が要求されるわけである。「学者が現実の政治的事象や現存する諸々の政治的イデオロギーを考察の素材にする場合にも、彼を内面的に導くものはつねに真理価値でなければならぬ。……むろん、学者は他方において市民として、自己の学説がいかなる政治勢力によつて利用されるかという事に無関心であつてはならない。自分の理論の社会的波及の行くえをつきとめることは市民としての彼の義務ですらある。けれども……一たび政治的現実の科学的な分析の立場に立つときには、彼の一切の政治的意欲、希望、好悪をば、ひたすら認識の要求に従属させねばならない……」(三五二頁)。

　ところが、しばしば指摘されることであるが、丸山自身のファシズム分析には、このレベルにおいてすら極めて価値判断的な態度が認められる。日本の軍国主義者の矮小性といった議論がその典型である。「……一箇の人間にかえつた時の彼らはなんと弱々しく哀れな存在であることよ。だから戦犯裁判に於て、土屋は青ざめ、古島は泣き、そうしてゲーリングは哄笑する」(二〇頁)、「一人の小心な臣下の心境」(二五頁)、「彼らの蛮行はそうした乱舞の悲しき記念碑ではなかつたか」(二六頁)といった表現には、ほとんど感情的な嫌悪感、侮蔑感が認められる。さらにいうなら、恐怖、憤激の対象としてよりも、侮蔑、同情の対象とすることで、軍国主義者のイメージに一層の打撃を与えようとする政治的意図があったのではないかとさえ解釈できる。いずれにせよ、政治的思惟の存在拘束性の直截な表出であるか、学問的禁欲を欠いた叙述というほかない。ジャーナリズムの暴露主義に接近しているのもそのためである[4]。このように、丸山は、その表向きの主張にもかかわらず、実際の分析にあたっては、この価値判断と科学的客観性の問題をかなり無造作に扱い、「緊張」を経験していないように見える。

　このことは、(これもしばしば指摘されることであるが)西欧近代(あるいはその鬼子ともいうべきドイツ・ナチズム)を、単なる比較分析のための理念型としてよりは、価値評価のための規範的モデルとして使用した丸山をはじめとする近代主義者の「偏向」が、理論形成のレベルにまで反映したことを示している。すなわち、比較の枠組みが、現象相互の比較ではなく、西欧の規範と日本の現実との比較からなっていて、分析作業のなかで事実認識と価値判断とが分かち難く結ばれているのである。

しかし、この問題の根はさらに深い。そもそも、丸山ら「近代主義者」にとっては、日本社会・政治に関する問題の発見そのものが西欧的価値観の研究を背景としてなされている。丸山は西欧政治思想史の研究を通じて（次章で検討する川島武宜は西欧近代法の研究を通じて）、西欧的価値を学習し、血肉化し、それによる日本社会への距離によって、周りの日本人には当然と思われていることに対して（ちょうど外国人がもつような、あるいは文化人類学者が研究対象に抱くような）「驚き」を獲得し、これを社会科学的に説明を要する「問題《パズル》」として分析の対象に選択するのである。問題発見の過程に既に、認識の枠組みとして、西欧モデルが組み込まれているのである。日本の専門家でないことが、日本理解の不可欠の条件を構成していることになるわけである。しかも、日本の現象を理解するための枠組みを西欧の文献の読書を通じて獲得してはいるが、日本の現実を分析する方法をそれによって学ぶわけではない。独自に実証的手法を身につけない限りは、実証においては素人にとどまるのはそのためである。そのこと自体、片手間に日本研究を行う傾向を生む危険をもたらすし、事実、そうした傾向が論壇政治学には横行した。そのうえ、以上の研究歴からは、西欧の内在的批判者から学ぶ以外、独自に西欧を「客観的に」見る視点が生まれないという逆の危険をもはらむ。その結果、西欧は、日本を見る鏡を提供するにとどまり、それ自体として批判の対象とはなりにくいし、西欧を基礎にしたモデルでは、日本と同じレベルで、西欧を比較分析の一つの対象とすることができにくい構造となるのである。本格的な比較分析が生まれにくいゆえんである。(5)

それでも、ファシズムの経済的、社会的背景の分析であれば、データの客観性と理論的範疇の客観性の確保、そしてそれにもとづくクロス・ナショナルな分析は、比較的容易であるが、先に述べた個人レベルを問題にする心理分析、思想分析においては、このことは本来極めて困難な作業となる。丸山はこの困難性を十分に自覚していなかったのではないかと思われる。(6)

その一因は、丸山がファシズムという「悪」であることがあまりに自明な対象（あるいは少なくとも当時の丸山の読者にはあまりに自明であると思われていた対象）を扱っていたためである。しかも、研究対象とした戦前・戦中の事態は、数年前のことであったにもかかわらず、既に完結した「歴史」であり、対象との距離をとることにそれほど苦労はいらなかった。以上の点について、読者の側にも共通の認識が存在した。そのために、彼の分析のもつ問題性がそれほど表面化しなかったのであろう。しかしながら、政治の世界では、善と悪との判定が容易であるのはむしろ稀であると考えるべきである。ところが、日本の政治学は、ファシズム分析を出発点に置いたために、その判定は（道徳的な高潔さを維持さえすれば）容易になしうるとの誤った前提を受け入れることになった。(7) ここでは、政治的判断が個人道徳的判断とあまりに緊密に連動してしまったといえよう。したがって、政治的反対者の動機を、常に道徳的なものによって解釈しようとするジャーナリスティックな発想が、学界の中にまで浸透した。これを正当化する論理こそ、政治学には価値中立性はない、という丸山の議論であったのである。

これまで再三指摘したように、この道徳的次元と学問的次元との結びつきは、心理学的（あるいは思想史的）分析の方法的個人主義に基礎をもつ。（また、価値評価が分析に入り込みやすいのも、文化という価値観に直接かかわる対象の故であることも既に述べたとおりである。）言い換えると、「近代政治学」が政治制度や社会構造の問題を射程に入れにくいという問題と関連している。心理学的分析が流行した時期のアメリカ政治学が、政策提言の局面では、道徳的「説教」や著しく非現実的な提案に傾斜したのもその現れである。(8) 政治文化の果たす機能は、制度や状況の背景の違いによってまったく違ったものになりうるが、このアプローチは、その関連を分析する視点を内在的にはもたないからである。むろん、丸山自身は、この限界を承知していたし、先に指摘したように、第二論文では、社会構造と政治文化・思想との関連に分析を加えている。しかし、のちの思想史的、心理学的分析の展開につれて、政治制度および社会構造との関連が見失われ、特に論壇では、政治文化への言及に終始する傾向が見られたことも否めない。その結果、一方では、分析的には、文化という連続性の強い側面に焦点をあてているため、占領改革による制度的非連続性およびそれが政治文化の機能に与える影響といった戦前との非連続性の重要性を軽視する結果を生んだ。他方、政治批判の局面では、（建設的）制度構想よりは、道徳的非難に堕する傾向を生んだ。こうした傾向の一因は、政治思想史的、心理学的分析の方法的バイアスにあるといわねばならない。

むすび

以上に述べたような方法上の問題はあるにしても、まさに価値判断と分析内容が分かち難く結ばれていることに、丸山政治学の魅力が存在する。それは、前述の人文科学と社会科学との結合という方法上の特徴の一表現である。こうして、丸山政治学においては、学問的認識と政治批判との境界が曖昧であることによって、その主張が、専門の政治学者の枠を超えて、広く一般の知識人に読まれ、かつ影響を与えたのである。しかし、それが学問的には深刻な問題をはらんでいたことも既に見たとおりである。その後の日本政治学の展開において、以上の丸山政治学の特徴が日本政治分析に広く浸透し、長くその価値中立化と多元化とを阻むことになった。政治思想史の専門家であって、日本政治の同時代的分析に[9]は敗戦直後の数年間従事したにすぎない丸山の研究を、ここで取り上げて検討、批判したのは、彼の研究がその後の日本政治学に及ぼしたこうした影響の大きさの故である。[10]

ところで、先に述べた「現代は政治の時代である」という認識は、政治学の政治性の問題をもっぱら、あるいは少なくとも主として、国家と学界との関連でとらえるという視点につながった（三四五頁）。言い換えると、政治権力との緊張関係を維持してさえいれば、政治学の進歩性は保証されるという暗黙の前提があった。研究者の基盤たる大学そのものが一つの権力（「社会的権力」）として抑圧や搾取の主体（ないしはその媒体）たりうるということへのセンシティヴィティを欠いていたのである。一九六〇年代の末に、学生運動によってそうした問題を提起されたとき、近代政治学者はその意味を理解できなかったのはそのためである。また、ファシズムの再生という問題に自らの政治的関心を集中させていたために、戦後政治学は（国家権力とは相対的に独立の）社会的権力による抑圧、たとえば、（本書第Ⅱ部

第六章で扱う）資本主義社会にとって重大な意味をもつ企業権力の問題も、分析の射程に入れることはできなかった。それは、日本の近代主義者においては、国家への不信が絶えず先行して、国家権力の介入による社会的権力の乱用の抑制という（アメリカのリベラリストの）発想、あるいは「国家による自由の実現」という（フランス・ジャコバン派の）観点を、もちえなかったことの反映でもあった。この点については、川島武宜の業績を検討することを通じて、次章で改めて考察を加えたい。

（1）　以下の引用は、増補版・未来社・一九六四による。
（2）　Erich Fromm, *Escape from Freedom*, Holt, Rinehart & Winston, 1941（日高六郎訳・創元新社・一九五一）。ただ、フロムとの比較で興味深いのは、フロムが西欧近代社会の考察から出発しながら、ファシズム現象を人間存在一般の問題として検討しているのに対し、丸山はあくまで天皇制ファシズムを日本の特殊事情として批判の対象としていることである。
（3）　他方学問的には、丸山らは、人文科学の伝統に依拠することで、社会科学におけるマルクス主義の優位に対抗したともいえよう。
（4）　政治指導者や政治的事件のパロディ化による批判は、強力な神話破壊作用をもつ武器であり、ジャーナリズムにおいて一般的であるが、民衆にカタルシスを与えることに終わる危険や、研究者に真面目に研究するに値しないと思わせる危険がある。このことは、たとえば、マルクスにおけるボナパルティズム批判に関して指摘された点であるが（西川長夫『フランスの近代とボナパルティズム』岩波書店・一九八四）、日本政治なかんずく保守政治がながく真面目な研究対象とされなかったのは、論壇政治学におけるこうしたパロディ化と関連があったように思われる。天皇制ファシズムについていえば、丸山のような批判は、ファシズムがもった危険な魅力を軽視させることにもつながる（磯田光一『比較転向論序説』勁草書房・一九六八参照）。
（5）　以上のことは、本格的比較研究には西欧に関する相当の研究蓄積が前提となることを意味している。しかし、当時の日本は、西欧についての知識に乏しく、その知識を渇望している状況であった。それが、丸山の著作が広く読まれた最大の原因であったと思われる。この事情を、神島二郎は、当時は日本のことを書いた論文や評論が売れなかったとして、次のように記している。「どういうのが売れたかというと、ヨーロッパやアメリカの研究をしたものなんです。……だからその当時は、みんな外国のことを書いていました。民主主義と称して外国のことを書いていれば、みんなが夢中で行列をつくって、それを買って読んでくれる。丸山さんが書いたものが売れたのは、日本のことを書いていますけど、あのなかにちりばめられている外国の知識がいっぱいあって、じつはそれで売れていたんです」(『磁場の政治学』岩波書店・一九八二・序・一四～一五頁)。

(6)　戦後アメリカ政治学が、アメリカ的価値をほとんど無自覚に自明の前提としていたことを考えると、この傾向に対する警告として、丸山の主張には今日でも十分な意味があることは否定しえないところである。また、筆者はここで、価値判断が社会科学の研究に不要であるといっているのでもない。それどころか、社会科学においては、強い社会的関心が分析の切れ味に大きく貢献するのが普通である。価値判断に結びついた社会的関心は、分析に偏向を与えるのであるが、しかし他面では、それが分析の視点を明確にする役割を果たすものであって、研究に不可欠であることは丸山のいうとおりである。社会科学では、丸山のいうように、偏向のない分析はありえないし、ある意味では、その偏向こそが分析のユニークさの源泉ともなるのである。そして丸山の切り口の鋭さが彼の関心の鋭さの反映であるという点で、彼の業績は、以上の事実を裏書きするものである。

(7)　ノヴァックのいうように、真理を知ることは易しいと考えると、論敵が「真理」に反対するのは道徳的な悪意によるものと判断することになる (Michael Novak, *The Spirit of Democratic Capitalism*, Simon & Schuster, 1982, p. 63)。丸山の責任というわけではないが、日本の社会科学において長い間、論敵に対するこうした道徳的批判が通例であったのは、以上のような発想のためであったように思われる。

(8)　Kenneth N. Waltz, *Man, the State and War*, Columbia University Press, 1959, Chap. 3.

(9)　以上の論文を執筆していた丸山にとって、天皇制ファシズムは、ほんの数年前の出来事であったことに注意。

(10)　丸山は、研究者であると同時に、思想家であり、オピニオン・リーダーでもあり、そして、それぞれの領域で多面的な活躍をした人物である。その彼を、狭義の政治学者としての業績だけを取り上げて批判することは、フェアでないという印象を与えるかもしれない。しかし、彼の「政治学」がその後の日本政治分析に与えた大きさからいって、本章のようにこれを独立のテーマとして検討することには学問的に今なお重要性があると、筆者は判断している。

第三章　伝統的家族制度の法社会学的分析
——川島武宜——

丸山真男による戦後初期の著作が日本の戦後政治学の原点であるとすれば、川島武宜のそれは日本の法社会学の原点であった[1]。当時は社会科学者の間に活発な学際的交流があって、研究上相互に大きな影響を及ぼし合っており、日本政治学の出発点の検討のうえでも、またその後の発展の考察のうえでも、川島の業績を検討する意味は大きい。ここでは、敗戦直後に書かれた「日本社会の家族的構成」という短い論文・評論を取り上げて検討したい[2]。その後の川島の研究の中心的な諸論点が萌芽的にではあるが示されている論文であり、一般向けに書かれた啓蒙的なものではあるが、それだけに専門の法学者を越えて広く読まれ、政治学者にも大きな影響を与えた著作だからである。

一　伝統的家族制度の二類型

この論文は、次のような文章で始まる。「現在われわれ国民に課せられているもっとも大きな課題は、いうまでもなく、わが国の『民主化』ということであるが、そのことは、われわれの生活の経済的社会的政治的文化的な各領域における深刻な改革・革命なしには行われえない。そうして、それがためには、われわれの生活のあらゆる領域における仮借なき反省批判がおこなわれねばならぬ。家族制度ももとよりその例にもれるものではない。いな、それは、永くわれわれの生活の根幹をなしてきた。民主主義革命は、この民族の絶対的信仰の対象であった家族制度をみのがすことはありえないし、またこれをみのがしては達成されえない」(三頁)。対象こそ違え、丸山の最初のファシズム論と軌を一にした問題関心である。そして、この関心から、当時の家族制度改革をめぐる議論を取り上げ、戦前の家族制度を擁護する主張を厳しく批判した。川島自身の回想によれば、既に戦中から、農村、漁村での実態調査を通じて、家族制度の変革の必要と必然性とを痛感しており、この論文はそうした「日本の社会について考えてきたことを、言わば一挙にはき出して書いたものである」。当時は、占領軍の指令による民法改正が着手される直前であり、川島のこの論文は、激しい批判にさらされたという。(3)

当時の家族制度擁護論者は、日本的「家族制度の美風」を「仲よくくらす」人情的雰囲気に求め、「これを維持することなくしては、われわれの共同生活は破滅崩壊するに至るであろう」と主張していた。川島は、それに対し「だが、問題は、この『仲よくする』そのしかた、その原理である」(四頁)として、擁護論者のいう伝統的家族制度には、実は、二つの異なる類型があったにもかかわらず、擁護論者はこれを同一視して擁護しようとしていると批判する。

ここで川島は、日本における前近代的家族制度の二類型を区分し、それをいわばウェーバー的理念型の形で提示するのである。武士階級的家族制度と「民衆の」家族制度との対比がそれである。(旧)民法に規定され、家族制度擁護論者によって現実に主張されているのは、儒教的家族倫理にもとづく前者であった。それは封建武士的家族制度から継承されたもので、その基本原理は「権威」と「恭順」とからなる。そして、この二つの原理が強固な上下秩序を構成していたのである。その中核となるのは、家長（戸主）、父、夫が、それぞれ「家」の構成員、子、妻に対してもつ権力であり、上級者の下級者に対する一方的支配である。極端な場合には、父親に、わが子を売って醜業に従事させる「自由」を認める（一〇頁）。[4]

その経済的基礎には、「全家族の生活は家長の財産、家長の〔社会的、経済的〕地位に依存しており、家長以外の家族は家長に寄生する」（一二頁）という事実が存在する。経済的な権力が恣意的で、かつ生殺与奪の権利を伴うほどに強力な支配の様相を呈する「権力」関係を生み出すのである。

しかし、戸主の権力は、ただの物理的な暴力としてではなく、服従する人々の精神に対する絶対的な高い威力、すなわち（抗しがたい）「権威」として現れている。この権威は、超自然的、超人間的な力をそなえることによって強化される。[5] しかし、内面的な命令に媒介された自主的服従ではないため、外的な服従によって表現され、かつ外的な制裁によって保障されざるをえない。川島は、ここに、「政治権力による命令とくに法律によつて強行されることと結びつく」（九頁）契機を見出している。具体的には、戸主権、親権、夫権、長男子家督相続制といった旧民法の規定がそれである。このように、旧民法の家族法は、儒教的「家族制度に内在するところの・権力による強制の、『外からの』国家権力による補強にほかならぬ」（二三～二四頁）というわけである。

他方、民衆の家族生活においては、以上とは異なる原理が支配していると川島はいう。[6] ここでは、家長への権力の集中は弱い。その理由は、たとえば、農民の家族の場合、すべての家族員が、それぞれの能力に応じて家の生産的労働を分担するからであり、家長の財産に寄生する余裕はないからである。したがって、「絶対的な権威と恭順とではなく、もつと協同的な雰囲気が支配する」(一二頁)。

しかし、こうした家族も、二つの点で、近代的家族とは異なる。第一に、家族の秩序は、やはり(個人を超越した)一つの権威であり、それぞれのメンバーは、「伝統によつて固定した一定の職分をもつている」(一三頁)。つまり、個人の権威ではなく、家族の全体的秩序が、全体に対し「権威」をもっているのである。そして第二に、こうした権威は、「はなはだ人情的情緒的性質」をおび、そのため「協同体的意識をともなつている」(一三頁)。すなわち、「ここでは、儒教的家族におけるような、形式主義的なうやうやしい畏敬は支配しないで、くつろいだ・なれなれしい・遠慮のない雰囲気が支配し、そのなかを、そうしてそのような雰囲気に媒介されて、客観的な秩序が貫徹しているのである」(一三～一四頁)。言い換えると、個人の自律は欠けており、盲目的慣習や習俗が支配する。さらに、協同体的「雰囲気に抗して自分の意識や行動を対立させることは、この牧歌的な平和の破壊を意味する。それはかたく禁止されるタブー」(一五頁)である。「ことあげ」(批判・反省)することは禁物なのである。[7]

ところで、冒頭に挙げられた家族制度の擁護論者の議論にみられるように、こうした民衆の家族制度に特徴的な「仲睦まじい」家族的雰囲気と、儒教的な(厳格な)上下秩序という二つの異なる家族構成原理は、一般には、日本的家族制度として一体をなすものとして、しばしば認識され、議論されてきた。

川島のこの論文では、この点についてはそれほど明示的ではないが、家族的雰囲気は、厳格な不平等を隠蔽し、人々の意識にそれを受け入れさせ易くするイデオロギー機能を担っていることが示唆されている[8]。ここでの全体としての力点は、民法改正の主張として、家族的雰囲気によって隠蔽、正当化されている「権利」の著しい不平等性を暴き、その不当性を指摘することにおかれていると見てよい。（この家族制度における支配・服従関係の摘出は、政治学にいういわゆる「小さい政治」における権力関係の発見であり、規範的含意を別としても、政治分析に貴重な視座を提供するものである。この点については、後述する。）

ただ、そうした実践的な意味を越えて、法社会学的な蓄積を基礎にしたこの二つの「伝統」の区別は卓見であり、後の日本の家族制度の変化を理解するうえでも極めて重要である。

さて、こうした伝統的家族制度（特に儒教的家族制度）は、日本では単に家族の制度にとどまらず、全社会的な構成原理となっている。親分子分関係や兄弟分関係と呼ばれるものがその典型であるが、さらに、この擬制的家父長的（封建的）家族関係は、書生や女中などの家内「奉公」、商店における丁稚「奉公」、企業一家的労使関係（における使用者と労働者の関係[9]）、地主・小作関係へと拡大し、その頂点に、家父長制国家における（無能力未成年の子たる）臣民と（「親ごころ」をもって指導する）政府との関係を構成する原理となるに至っている（一九頁）。

したがって、家族制度の改革は、これらすべての面における全社会的な変革をもたらすものであり、かつそれを求めるものである、というわけである。

二　近代主義的批判の限界

さて、既に述べたように、この論文には、はやくも川島法社会学の基本的な論点が、萌芽的な形ではあれ提示されている。政治分析という観点から、川島の提起している問題を（後の川島の研究をも参照しながら）以下で検討してみよう。

第一に、戦前の家族制度と国家権力との関係について、川島は、三つの関連を示唆している。(1)「祖先」という神秘的な存在や儒教的原理による正当化という次元での天皇制イデオロギーと家族イデオロギーの連続性、および国家のイデオロギー装置を動員した家族道徳の人為的注入、(2)法的強制という形をとった国家権力による家族制度の補強、(3)地主制度という経済的基盤を支える天皇制国家装置がそれである。したがって、国家権力とその基盤の解体という「政治的」改革は、それぞれの次元で家族制度の解体を促すであろう。民法の改正という法改正がその一環として位置づけられていたことはいうまでもない。ただ、(1)のような「伝統の力」は、国家による支えが失われても直ちに消滅するわけではないから[10]、（民主革命が民衆の主体的行為によって達成されたわけではない日本においては特に）「精神的内面的」な（家族意識の）「民主革命」の必要（二四～二五頁）が緊急の課題となる。この点では、丸山真男と同様な啓蒙思想家としての課題を自らに課しているといえよう。そして、こうした啓蒙活動がどれほど貢献したかは別として、儒教的、家父長的家族関係とそれに伴う甚だしい不平等は、戦後急速に解体していった。ところが、家族における一体感の方は、こうした身分秩序の解体によって、平等で「自然な」ものになり、むしろ強化されていったように筆者には思われる[11]。会社における家族主義も同様である。

そもそも、戦前の民衆の家族制度においては、国家権力による補強は、あったとしても希薄であった。川島自身、民衆の家族制度は、政治権力や法的強制によって維持されているのではないことを認めている（一四頁）。ここでは、国家権力とは相対的に自律した伝統的文化が支配しているのである[12]。だとすれば、政治権力の解体によってはこれを変革することはできない。より積極的な国家権力による介入（外からの強制）か、啓蒙活動による「精神的革命」以外にない。しかも、この啓蒙活動は、単なる（抑圧的）イデオロギーからの解放ではなく、より積極的な「近代的意識」の注入とならざるをえない。

結果的にみれば、西洋的な権利・義務意識を日本人に植え付けようとしたこの啓蒙活動が当時の近代主義者の期待にかなうほどの成功を収めたとはいい難い。「個人が家族に埋没している」という状態は、戦後の改革にもかかわらず、日本的文化の一つとして継続していくのである（たとえば、母親による子供への干渉や、その前提としての母親の側からの無限の奉仕を想起せよ）。また、川島の後の議論の展開に即していえば、（「ことあげせぬ」態度の延長として）訴訟を回避する態度が、この個人の権利・義務意識の弱さの典型例として批判の対象とされていく。日本経済の近代化にもかかわらず[13]、こうした態度には変化が見られなかった。それどころか、やがて後の論壇では、こうした「日本的」態度は、日本文化の美点として積極的な評価を受けるに至るのである。

しかし、振り返って考えてみると、占領改革を通じて既に極端な不平等、「時代遅れ」の身分秩序の要素が除去された後においても、「平等で、なれ合い的な」、「ことあげせぬ」集団主義文化を、川島らの近代主義者はいかなる根拠によって批判することができたのであろうか。儒教的な家族制度の改革には、農地改革の場合と同様、明確な受益者がおり、法改正は、彼らによって既得権化され、改革後は国家の介入なしに定着することが期待できる。ところが、「民衆的な」家族の「慣行」は、当人たる大衆自身がそれなりに満足していることがやがて明らかにされていく。だとしたら、なお（既に支配・服従関係を隠蔽する機能を失った）「情緒的関係」を否定し、近代的（西洋的）意識を彼らにもつことを要求する根拠は薄弱なものとならざるをえない。[14] 政治学者の場合は、戦前的なものはすべて、軍国主義、ファシズムの温床であり、潜在的に危険なものであるという議論に訴えて、これを批判してきた。しかし、戦後の保守党による家族制度復活の動きが顕在化した時期を除けば、法社会学においては、そうした議論は説得力をもちえなかった。[15] 川島は、当初、（経済的基盤の近代化が歴史的必然として社会の近代化、西洋化をもたらすはずであるとする基本認識を前提としつつ）西洋近代社会の経済的繁栄と日本の経済的停滞との対比をもちだして、経済の近代化を阻害しているものの除去という観点からその立場を正当化しようとした。[16] しかし、間もなく高度成長はこの議論の説得力も喪失させたのである。

川島の近代主義には、後に以上のような（保守主義的な含意をもつ）批判が加えられることになるが、当時としては、むしろ左派からの批判が圧倒的であった。その理由は、次のような事情にあった。

先に見たように、川島は、（擬似的なものも含めて）家族制度における支配・服従関係の基礎に経済的な構造があることを認識していた。それは彼が、「封建的儒教的家族の基礎たるところの諸階層の経済的地盤を排除」し、「農民の封建的停滞的な生産様式を廃絶する」ことが必要である（二四頁）と述べていることからも明らかである。この問題をつきつめていくと次のような議論に到達するはずである。地主による経済的収奪や人格的支配は、最終的には、彼らの土地への権利を保障する国家によって支えられている。言い換えると、家族や小作に対する家長や地主の支配は、経済的価値配分の（国家からは相対的に独立の）メカニズムを媒介としつつも、最終的には物理的暴力装置たる「政治」権力によって担保されているのである。[17]だからこそ、占領改革という政治権力を媒介とした改革が根本的な変化を生みだしえたのであるが、問題は、川島の西欧近代法の研究が示唆しているように、民法秩序の根幹にある財産権の保障が、地主・小作関係における「前近代的」支配・従属関係の根本にもあったのではないかという点である。（前近代的なイデオロギーや慣行が地主・小作関係を一層権力的なものにしているとしても）財産権の保障が近代的なものであるとすれば、この一見「前近代的」と見える関係も、本質的には近代の産物に他ならない。講座派や、ノーマンに代表される占領軍には射程に入らなかった認識である。川島にとっても、この認識は基本的に視野の外に置かれた。

そもそも、マルクス主義においては、資本主義社会の法意識は、労働契約を資本家と労働者との対等で自由な契約関係とみなすという「フィクション」によって成立している。さらに、労働力（の担い手たる人間）を商品とみなす、という非人間的なフィクションが存在する。この法意識によって、経済的搾取関係が「自由な」契約の背後に隠されるのである。言い換えると、権利・義務関係は、こうしたフィクションを支えるイデオロギーの一つであり、当事者の「力関係」によって生まれた資本という強者の支配を隠蔽する機能を担っている。川島は、マルクス主義を近代社会の理解の鍵として使った法学者としては代表的な存在である。[18]ところが川島は、こうした方向に議論を進めることはなかった。[19]川島は、もっぱら日本の前近代性を批判的に認識するという目的のために、「近代社会の理念」を構築したにとどまるのであって、近代社会を批判的に分析するというマルクス本来の課題とは無縁であった。

こうした直接の実践的関心によって制約された川島の研究は、それにもかかわらず、それ自身の中にその限界を越える要因をもっていた。それは、民衆の家族制度の実態調査が明らかにしているように、日本の現実は批判の対象である前に分析の対象であったからであり、その実態の分析を通じて、一定の「存在」の合理性が確認されていくからである。川島は戦後においても、農村の土地所有とその相続、婚姻、小作関係、「身分階層制」、入会権、温泉権、土建業における労務供給、請負契約などの「慣行」の調査を精力的に行った。そして、数多くのゼミ生、門下生が川島の指導のもとにこの調査に参加し、それを発展させた。[20]

これらの調査報告は、前近代的関係のもつネガティヴな側面の発見を意図した調査であったにもかかわらず、それに収まりきらない豊富なデータを提供している。たとえば、土建業における労務供給の実態調査は、仕事の上でのパーソナルな関係の重要性や、占領軍が予期しなかった「親方制度の廃止による能率低下」という実態を明らかにしている。[21]こうした実態調査による日本的慣行の存続の認識なしには、「日本的なるもの」を価値的に再評価することも不可能である。川島の調査が自己否定の契機を自らのうちにもっていたというのは、こうした意味においてである。

さらに、こうした実証研究重視の姿勢は次の世代に引き継がれ、（川島の業績を踏まえながら）川島法社会学を越える成果が生み出されていった。川島の強みは、その実証研究の重要性の認識とその手法にあったといっても過言でない。（戦後の近代政治学が、意識調査を別とすれば、戦後政治についてそれ自身の独自のプロフェッショナルとしての実証的方法論が弱く、体系的な調査が少なかったこととは対照的である。）

むすび

ところで、先にも述べたように、（国家とは相対的に独立の）社会関係における「権力」作用の分析に、川島法社会学は政治学にとって貴重な視座を提供するものである。この権力作用は、ラスウェルやメリアムを先駆者として行動論的政治学に導入された概念であるが、その後はアメリカでも実証的裏付けを得ないまま現在に至っている。[22] 川島がこの種の権力作用の分析に「慣行」調査という手法が有効であることを明らかにしている点は、高く評価されるべきであると考える。

ただしかし、ここでも、権力を前近代的なるものとして狭義に定義しているため、近代社会においても発生する「社会的権力」の作用を分析する用具としては、そのままでは使えない。[23] 恣意的な支配のみを「権力作用」とみなして分析対象とし、権利・義務関係という形をとった（近代法を基礎とした合法的な）権力作用を等閑視する結果となっているからである。力の差のあるところでは、恣意的な支配は常に起こり得る現象であり、伝統的社会に限られるわけではないという認識、さらには権利・義務関係そのものが力の差を表現するものたりうるという認識が、すなわち、近代主義からの発想の転換が必要である。川島のいう「権力現象」は、近代社会においても遍在的な現象だからである。こうした「自由な交換」に絶えず入り込む経済力を背景とした経済外的強制の問題は、川島の「近代主義的な」認識からは抜け落ちている。

事実、川島の法社会学が主たる対象としたのは、農村などにおける消え去りつつある慣行や建築業に残存する古い雇用契約のあり方であった。それが、解釈法学から見放されて孤立化する原因となったし、六〇年代以降こうした調査そのものが途絶えてしまった原因でもある。（法社会学の主流は、川島以後、司法過程――狭義の法過程――の分析に傾斜していった。）しかし、社会的権力の問題は、公害や消費者の利益擁護などすぐれて現代的な問題でもあり、法社会学が、さらにはその成果を踏まえて（「権力分析」を主たる課題とする）政治学が参入すべきであり、かつ参入できる分野である。本章は、こうした観点から川島の業績を再検討した一つの試みである。

（1）川島の主要な法社会学的研究は、彼自身の編纂になる（川島による「解題」を付した）『著作集』全一一巻・岩波書店に収められている。また、彼の法社会学上の功績については、今のところ、死去直後に出された『法律時報』における特集（第六五巻一号・日本評論社・一九九三）がもっとも包括的なものであろう。

（2）一九四六年六月号の『中央公論』に掲載、ついで川島『日本社会の家族的構成』学生書房・一九四八に収録、さらに日本評論社版・一九五〇として再版、最終的には、『著作集』第一〇巻に収録。ここでの引用は、日本評論社版による。

（3）『著作集』第一〇巻「解題」四三六～四四一頁。

（4）翌年に公刊された「日本封建制のアジア的性質」（『中央公論』一九四七年五月、『日本社会の家族的構成』に収録）という論文では、この関係を、マルクスの概念を借りながら「アジア的封建制」がもつ「奴隷制」的な要素と名付けている。さらに、その後、日本の封建制の特質を、ウェーバーの概念を借りて「家産制的ピエテート」の観点から解釈している（六本佳平『法社会学入門』有斐閣・一九九一・四三～四五頁）。日本の戦前の体制は、封建的どころか、西洋の封建制以前であるというわけである。もっとも、ウェーバーの枠組みは、マルクスとは違って時間的な分類軸ではなく、文化相対主義的傾向をもつから、後述するような積極的「日本特殊論」へと展開する契機をもつが、当時の「日本的なるもの」が否定の代名詞であった時代にあっては、質的な違いという指摘はむしろ、より否定的な含意をもった。いずれにせよ、こうした日本の封建制がもつ（西欧の封建制とは異なる）特質の模索は、法制史学に引き継がれていったという（水林彪「川島博士の日欧社会論」前掲『法律時報』の特集）。

（5）後の論文の表現では、家長は「祖先のまつりを奉仕する神聖な職務を許された人」として神聖視される、のである（前掲「日本封建制のアジア的性質」三三二頁）。後述するように、ここに天皇制との連続性の一つがある。

（6）以上の儒教的家族制度は、国家の公式のイデオロギーとなっており、かつそれが民法の規定に結晶していて、法学者によっても広く認識、議論されてきた。したがって、川島も、主として民法（や「修身」教育）をめぐる議論を素材にして理念型を構成することができた。ところが、民衆の家族制度は、その実態が学者や論者には明らかでなく、川島が行ってきたような（萌芽的な）「法社会学的調査」の成果を基礎にはじめて理念型をつくることができたのである。このように、方法的にみれば、この論文は、法思想史と法社会学との二つのアプローチが組み合わされているといえよう。

（7）以上の服従の二類型は、エーリッヒ・フロムによる『自由からの逃走』の二類型に対応する。すなわち、ナチスを典型とする指導者への盲目的服従と、アメリカに見られる世論へのコンフォーミティの二類型がそれである。ただ、川島の研究は特殊日本的な類型の摘出を目的としており、こうした一般化は彼の関心の外にあった。

(8) この点は、前述の「日本封建制のアジア的性質」に、より明示的に指摘され、次いで「日本の法律と生活意識」においてさらに体系的に論じられている(『日本の社会と生活意識』学生社・一九五五所収)。

(9) 従業員(労働者)相互の関係は、協同体的関係である。

(10) 「新憲法と家族制度」(前掲『日本社会の家族的構成』所収)一五七頁。

(11) この点は、農村や都市における共同体についてのロナルド・ドーアによる後の調査結果と符合する(第Ⅱ部第三章参照)。さらに、(川島が「農村の身分階層制」『日本資本主義講座』第八巻・岩波書店・一九五四で指摘したような)戦前の農村の明確で安定的な身分秩序が解体したことは、「家格」などの社会的地位、prestigeをめぐる競争を消滅させるどころか、一層激化させたと思われる。企業においても同様である。この点は、トクヴィルが「平等な社会の一般的傾向」として指摘したところであるが、近隣集団による評価への高い関心(つまり集団へのアイデンティティ)が残されたまま、平等化が進行したことの当然の帰結である。

(12) 川島は、のちの農地相続や離婚の実態の調査によって、この点を確認している(「家族の社会秩序に対する国家法の機能」『青山道夫教授還暦記念・家族の法社会学』法律文化社・一九六五、「離婚と社会統制」『家族問題と家族法』酒井書店・一九五八)。

(13) 川島は、日本社会の遅れた意識の根拠は、基本的には、日本資本主義の後進性にあると考えていたから、経済的な近代化(資本主義的商品経済化)は、歴史必然的に、この日本的なるものを徐々に解体していくと想定していた。

(14) 棚瀬孝雄「近代の理念とゆらぎ(上)——川島法社会学の理論と実践」(前掲『法律時報』特集・二七頁)。棚瀬も示唆するように、西洋近代をも一つの特殊なものとして日本の近代に対応させ、規範的批判を離れて、もっぱら分析の用具として、すなわち、西洋モデルを日本社会の「特殊性」を分析する枠組みとして使えば、こうした問題は浮上しない。しかし、こうした文化相対主義をとるには、川島をはじめとする近代主義者は実践的意欲が強すぎたのである。近代意識の中で生まれ育った西洋人、たとえば、ルース・ベネディクトや、後に検討するロナルド・ドーアのような外国人にとっては、こうした立場をとることはむしろ自然であった。なお、後にフェミニストが、一見「それなりに満足している」と見られる女性の社会的・家庭的地位を改革すべきであると主張する。それを通じて、「近代主義」を批判して（西洋を含めた）「近代社会」における男女の不平等の問題を改めて問い直すとともに、主観的満足の意味をも再検討することを求めることになるのである。

(15)　前掲「日本の法律と生活意識」七五頁。また、「最近の家族制度復活論」（一九五五、『イデオロギーとしての家族制度』岩波書店・一九五七所収）参照。もっとも、官庁との契約をめぐる慣行の問題は、政治権力との関係の問題に直結している（「官庁土建請負契約の『片務契約』的性質」一九四九、のち『法社会学における法の存在構造』日本評論社・一九五〇に収録）。

(16)　前掲「日本の法律と生活意識」七六頁。

(17)　したがって、地主のような経済的「支配階級 dominant class」と国家を構成する「統治階級 ruling class ないしは統治集団 ruling group」とのこの関連こそが、後のスコッチポルらによる新国家論の主要命題となるのである。スコッチポルの分析は、たとえば大革命前のフランスを、商品生産が支配的であったという意味ではなく、（土地という）生産手段の私的所有が支配的であったという意味で、既に資本主義社会であったとの前提に立っていることに注意（Theda Skocpol, *States and Social Revolutions: A Comparative Analysis of France, Russia, and China*, Cambridge University Press, 1979）。この点では、戦前の日本に関する（ノーマンや日本の近代主義者が依拠した）講座派の議論よりは、労農派の議論に近いわけである。

(18)　一九三二年から四一年にかけてのマルクス主義の影響を受けながらの研究の成果は、『所有権法の理論』岩波書店・一九四九に結実した（藤田勇「戦後初期川島法学の方法的モチーフについて」前掲『法律時報』特集参照）。

(19)　それどころか、川島は、以下の引用が示すように、近代法が労働者の階級意識の形成を促進する役割を歴史的に果たしてきたとして、積極的に評価する立場に立っている。「資本制的生産は、経済法則の支配をとおして労働者の経済的隷属をつくりだしたが、同時に労働者を普遍的に商品交換主体者として確立することによって、彼に主体的人間の意識を与えたのであり、その結果近代的労働者は、経済的隷属を、人間の主体性（「自由」）に対する矛盾として意識する必然性をもった」（「労働法の特殊性と労働法学の課題」一九四七年一月、『著作集』第一巻・四九頁）。

(20)　川島による調査の詳細については前掲『法律時報』特集掲載の潮見俊隆、渡辺洋三の論文を見よ。

(21)　「土建工事のための労務供給業」（一九五二、『著作集』第一巻所収）。

(22)　ちなみに、日本の憲法学では、樋口陽一などが「社会的権力」の概念とその検討を通じて、この問題を研究対象としてきた（樋口「社会的権力と人権」『岩波講座・基本法学⑥──権力』岩波書店・一九八三）。また、次章で検討する石田雄による天皇制国家の政治構造の分析は、村落における社会権力のありかたを分析した優れた研究である。ただ、社会的権力を主として国家権力との関連でとらえようとしたものであり、社会権力の一般理論に向かう契機が欠けている。この点については、拙著『現代日本の政治権力経済権力』三一書房・一九七九、特に第三章における欠陥車問題の分析を参照のこと。

(23)　川島による「離婚と社会統制」（前掲）などの研究は、後に江原由美子らがいう「権力作用」（江原『フェミニズムと権力』勁草書房・一九八八）の実態に迫るものであるが、残念ながら、「権力」とは次元の違う問題として扱われている。

（本章の執筆に際して、同僚の法社会学者棚瀬孝雄教授からお話を伺うことができた。感謝したい。）

第四章　天皇制国家のイデオロギーと政治構造の分析

――石田　雄――

本章では、天皇制国家研究の一類型として、石田雄による二つの業績を検討する。最初は、『明治政治思想史研究』（未来社・一九五四）の前編「家族国家観の構造と機能」を取り上げる。この論文にはさまざまなイデオロギー分析の手法が見られ、戦後日本の分析にも貴重な示唆を与えてくれるからである。二番目には、このイデオロギー分析を踏まえて天皇制国家の政治構造の体系的分析に進んだ『近代日本政治構造の研究』（未来社・一九五六）を取り上げたい。やはり同様に、体制分析の手法を考えるうえで、現在の観点からみても貴重な業績であると判断するからである。

一　イデオロギー分析の手法

石田は「家族国家観の構造と機能」の冒頭で、「体制イデオロギーの指標」として、「政治的教化の内容」を示す修身教科書を取り上げる。具体的には、明治四四年修正の「修正修身書」を分析の手掛かりとする。その理由は、この修身書においてはじめて「完全に『家族国家』観が中核的な観念として現われて来ており、同時にこの解説普及運動を契機に『国民道徳論』の名の下に『家族国家』観が興隆しはじめ」た、との判断からである（七頁）。いわばこの時期に天皇制国家イデオロギーが原型を形成したというわけである。

石田の分析の要となっているのは、次の文章である。

「子の父母を敬感するは人情の自然に出づるものにして、忠孝の大義は此の至情より発するものなり。……我が国は家族制度を基礎とし国を挙げて一大家族を成すものにして、皇室は我等の宗家なり。我等国民は子の父母に対する敬愛の情を以て万世一系の皇位を崇敬す。是を以て忠孝は一にして相分れず。……忠孝の一致は実に我が国体の特色なり」（八頁、傍点石田）。

石田はこの修身書の特徴を、修正前のもの（明治三七年）と比較して次のように指摘する。「修正後にあらわれた新らしい変貌の第一点は社会有機体論的理論構成による国家絶対主義の主張が顕著になつて来たことであり、第二点は、それを家族主義の似而非自発性によつて下から支えようとしている点である。」「前者（明治三七年版の修身書）においては、単に国力充実のための忠君愛国が説かれているのに反して、後者においては明瞭に『家族国家』観を援用して、父母を敬愛するという人間の自然的心情を以て忠君愛国を基礎づけ、忠孝一致の国体を礼賛している」（八〜九頁）。これは、あからさまな国家絶対主義によって個人の忠誠・犠牲を要求するだけでは、自発的服従を調達できないばかりか、かえって反発を生むことになるとの反省から、明治政府が、儒教的家族主義の伝統に修正を加え、これに国家主義を「下から支える」イデオロギー機能を与えて接合した結果であるとされる。こうして、「自然の情」

（家族・祖先への敬愛）によって「当然の道」（国家への忠誠）が支えられることになったというわけである。丸山によってナチズムに比べて体系性を欠いた荒唐無稽のものと酷評された天皇制イデオロギーが、ここでは意図的に導入された、政治機能的には極めて巧妙な装置であったと解釈されている。この解釈は、非常に魅力的なもので、同書の公刊直後多くの書評が書かれたが、いずれもこの面では高い評価を与えている。

さて、石田はこの観点から、家族主義と有機体論との思想史的背景を検討し、ついでその両者が接合されていく過程を修身教育をめぐる政権内部の対立と妥協の過程を追いながら実証している。ここでは、諸政治エリートがそれぞれ特定の思想を教化の手段として導入しようと主張した際の背後の（自覚的）意図が検討され、したがって、主として、思想の政治的（イデオロギー的）機能が検討される。

他方、石田は、家族主義と有機体論（に代表される国家主義）とがそれぞれ、当時の伝統的文化と官僚主義的近代化の契機を反映しており、さらに両者の結合には、明治国家の政治構造、すなわち「上からの強力的な集権と、下部における前近代的な村落共同体との矛盾〔と妥協的統一〕」とが反映されていると指摘する（三六頁）。ここでは、イデオロギーをマンハイムやルカーチのような知識社会学的観点からとらえているわけである。このように、石田は一方でイデオロギーをその政治機能の面から、他方でそれを政治構造の反映という面から分析しているといってよい。ただ、彼は、この両者の間の方法的違いを十分に自覚していなかったようで、叙述のうえで錯綜した印象を与える。

ところでさらに一般的に、本研究に用いられたイデオロギー分析の共通の前提とそこから出発した幾つかの手法を方法論的に検討してみよう。

石田は、自らの研究を「思想の内在的分析」と呼んでいるが、この表現は二つの意味をもちうる。第一は、個々の主張、発言に対し一々政治的、道徳的批判・反論を加えることをしないという意味であり、第二は、「性急な反映論」を避けるという意味である。まず前者の側面を検討しよう。この意味での「内在的分析」とは、政治家、官僚やイデオローグの発言を、それらの主張の背後にある価値体系と論理とを「理解」することから出発するということである。この分析は、個々の主張、発言には、その前提として、それぞれの具体的状況への直接的な政治的狙いを越えた（すなわち単なるデマゴーグ的なものではない）一貫した体系、言い換えると、思想家がもつような首尾一貫性があると仮定する。この体系性は、むろん、発言者が常に自覚しているわけではなく、むしろ日常言語のもつ文法構造のように本人には隠されている場合が少なくない。研究者は、具体的発言を手掛かりに、この隠された構造を明らかにするのである。そのために、彼らの発言を、意図的に隠された狙いを詮索せず額面どおりに受け取り、できるだけ本人の表現しようとした内容に即して解読しようとする。すなわち、発言内容を、その前提となっている究極の価値とその論理的展開の表現として解釈する。こうしたイデオロギー分析が古今の思想家の思想を研究する政治哲学研究と方法的な共通性をもつゆえんである。そして、イデオロギーの政治的機能は、ここでは、この思想体系の論理的帰結として説明され、この段階ではじめて（政治的）批判を受ける。

こうして分析された家族国家観の政治的機能としては、たとえば、自国民や外国に対する無制限の介入を正当化する論理を提供するということが挙げられよう。その「論理」は、戦前「警察論語」として尊重された『警察手眼』における「一国ハ一家也。政府ハ父母也。人民ハ子也。我国ノ如キ開化未ダ洽ネカラザルノ民ハ最モ幼者ト看做サザルヲ得ズ。此幼者ヲ生育スルハ保傅ノ看護ニ依ラザル可カラズ」(1)という一節や、松井石根元大将の口供書の「抑も日華両国の闘争は所謂『亜細亜の一家』の内に於ける兄弟喧嘩にして……恰も一家内の兄が忍びに忍び抜いても猶且つ乱暴を止めざる弟を打擲するに均しく其の之を悪むが為にあらず可愛さ余つての反省を促す手段(2)」という文章に典型的に見られる。あるいは、「公的な権力を私的領域の拡大延長と観念させることによつて、……公権力は、私的領域からの延長線を通じて、無限にこの領域にも浸透していくことができる」(五〇頁)との石田の分析もその一例である。

論理上の機能の分析としては、有機体論が近代人権思想の否定・排斥に導入されたとの指摘とその実証(第一章第三節)もその例に挙げることができよう。ここでは知識階層に与えた有機体論の政治的機能が指摘されている。

ところで、政治イデオロギーの場合には、一貫した一つの体系から成り立っていることは稀で、通常は幾つかの体系が組み合わされている。この組み合わせのあり方は、異質な論理の結合である限り、論理的には解釈できないから、逆に、この組み合わせをとおして、政治エリートの期待した政治的機能の分析(もしくは後述するような、その矛盾的接合が反映していると思われる社会経済的あるいは政治的勢力関係の指摘)に進むことが可能である。実は同書の家族国家観の歴史的形成過程の分析はその典型で、家族主義と国家有機体論の接合過程を見ることによって、その接合に期待された政治機能への分析が行われている。

ただ、以上のようなイデオロギーの論理上の機能とは別に、石田は、その心理上の機能の指摘を行っている。その代表は、先にも引用した家族国家観が「家族への敬愛」を国家へとキャナライズすることによって、「権力への親近性を増大し、国家権力と国民を自同化する媒介手段を与え、同時に心情的な服従を確保する」（五〇頁）という指摘である。この心理の指摘を検証するためには、実は、厳密には心理学上のデータが必要であり、あるいは少なくとも小説やマス・メディアあるいはまた民俗的慣習といった大衆の政治文化に現れた国民の心情の表現を引照する必要がある。しかもそのためには、一層精緻な心理学的モデルが要請される。

ところが、石田の分析には、こうした手続きが欠けているために、たとえば、天皇への心情は、家族といった日常的なものとはまったく異質なものを含んでおり、家族国家のイメージは単なる建て前にすぎなかったのではないか、という批判に対応することができない。実は先に述べた、国民生活への介入の論理が、実際に大衆レベルで心理的効果をもったか否かの検証も同様の手続きが必要である。先述のような狭義の思想史的分析では、こうした問題を扱うことはできない。石田の研究の出発点は、青年期の彼自身をとらえた「社会的雰囲気」の本質を明らかにすることにあったと述べているが、このマス・レベルの政治文化に接近することは、彼のような思想史の手法では方法論的に不可能である。

この論文には、実は、ファシズム運動の分析のために、社会心理学的モデルが導入されている（第三章第一節）。しかし、家族国家観自体の分析にはこうしたモデルすら欠如している。もっぱら思想史研究の手法で論理のレベルを扱いながら、無媒介に心理のレベルについての指摘を行うという無理をおかしている。

さて、思想の「内在的分析」の第二の意味は、「性急な反映論」を避けることと表現されるが、イデオロギー上の矛盾・対立あるいはその展開が「一応自己完結性をそなえたもの」として、すなわち、社会経済的矛盾・対立およびその展開とは独立の「論理の次元」で解釈しうるものととらえられるということである。この立場は、つきつめると、「政治思想史家は下部構造まで独自に分析のメスを掘り下げられるものではないし、また掘り下ぐべきものでもない……。もしこのようなことをするならば、結局歴史学（政治史や経済史）の成果、というよりは歴史学の通説にたえずよりかかりながら思想史を書くということに堕するであろう(3)」ということになる。石田自身はこの厳密な意味での「内在分析論者」ではない。しかし、特定の個人の発言や、個々のイデオロギー上の対立あるいはイデオロギー上の立場を、前もって分析されている社会経済的背景の反映とみなすことには反対している。この局面での、彼の分析の真の狙いは、イデオロギー分析を発見的（heuristic）に使うことによって、その背後の政治構造の分析への独自の視座を獲得することにあったと考えられる。この具体的成果については、次節で検討しよう。

二　政治構造の巨視的分析

前著に続いて二年後の一九五六年に公刊された『近代日本政治構造の研究』は、今述べた観点から出発して、天皇制ファシズム体制を総体的にとらえようとした野心的なマクロ政治学的分析の試みである。その基本的枠組みは、一言でいえば、昭和期の天皇制体制を、絶対主義（明治）国家体制の反動化と見ているといってよいが、より具体的には、以下のように要約できよう。

明治国家は、伝統的秩序たる農村における共同体の支配構造を国家の官僚制によって包摂し、統合した体制であった。ところが、伝統的秩序が近代化の進展とともに動揺するにつれ、「絶対主義的・警察的住民規制」（二〇六頁）の側面が一層強化されて、伝統的秩序の自律性が後退し、官僚国家（官憲国家・警察国家）にますます接近していった。戦時総動員体制における隣組、町内会、部落会の法制化、産業報国会による労働の再編、あるいは産業統制法による強制カルテルなどはその極限である。言い換えると、内務省を中枢とする官僚支配の強化過程こそが、日本の「ファッショ化」であったとされる。

ただ、この支配構造の官僚化は（伝統的共同体が供給していた）擬似自発性を衰退させたので、自発的服従を調達するため、観念的「教化」によって伝統的イデオロギーたる家族主義・家族国家観をますます強調せざるをえなかった(4)。しかし、近代化によって伝統的「家族」は急速にその実体を失いつつあったから、家族主義イデオロギーは、一層観念的に、さらには、荒唐無稽なものにまで非現実化していった。こうして、官僚支配が極めてパターナリスティックな性格を帯びるとともに、支配の現実が、支配者自身にとってすら隠蔽され、丸山が指摘したようなリアリズムの喪失という病理現象を引き起こしたとされる。以上のように、戦前の体制において、天皇制は何よりもイデオロギー機能を果たす機関として位置づけられ、権力の中心は官僚機構にあったと解釈されている。

この天皇制「ファシズム」解釈にもとづいて、石田は、天皇制、「家」、村落共同体、地方自治機構、国家官僚組織、政党など国内政治制度に分析を加えていき、権力的およびイデオロギー的統合のメカニズムという観点から戦前期日本の政治体制の全体像を描こうとしている。また、前述のように、昭和期のファシズム体制を明治国家の反動化ととらえる視点から、この断面的「構造」の歴史的な発展を、明治国家の支配構造と経済的、社会的、政治的近代化との間の矛盾の展開として、叙述している。そして、この方法により、ユニークで大胆なマクロ政治学的モデルを呈示することに成功しているといってよい。

ただ、同書は、（戦後日本の政治学者によるほとんどの著作と同様）独立に執筆された諸論文を収録したものであるために、全体の叙述のバランスが欠けているばかりか、全体としての論理的体系性にもさまざまな難点を抱えているように思われる。政治体制の総体的分析を試みるとすれば、既に発表した諸論文を全体との関連で「もう一度整理しなおす余裕がない」（三二一頁）という事情は、重大な問題をはらむといわざるをえない。以下では、評者なりに、石田の分析枠組みを再構成したうえで、その方法的側面に検討を加えてみたい。（なお、同書における家族国家イデオロギーの分析は、基本的に前著『明治政治思想史研究』の要約であり、ここでは省略する。）

石田による政治構造のモデルは、三つのレベルからなるといってよい。(1)政治構造の「基底」としての村落共同体、(2)地方自治組織、政党などの中間的媒介機構、(3)頂点の政府機構がそれである。したがって、石田の分析は、(1)の村落共同体の検討（第二章）から始まる。

彼は、この村落共同体の秩序が、地主＝小作という土地所有から生ずる個別的支配・服従関係を越えて、「横からの圧力」たる共同体規制を利用したものとなっており、そこに経済的・物質的基礎があることを指摘する。すなわち、わが国の水田耕作の特質である採草（山林）・水利・一定時期における労働の集約的投下の必要性等から、「ゆい」「まき」等の共同労働慣行や隣保組織が生まれ、「地主」がこの共同労働の統括指導者としての役割を演ずるようになった。加えて、採草・薪炭採取に不可欠な山林の所有者という立場から、地主は、共同体的拘束・規制を媒介とした農村支配を確立した。地主に対する反抗は、同時に共同体への反抗を意味するようになったわけである。

明治国家は、この地主層を体制内化することによって、彼らを通じて農村への支配を確保した。言い換えると、伝統的支配秩序を国家組織の末端として包摂したのである。

以上の明治国家の統合のメカニズムの指摘のあと、石田は、それが近代化によっていかに動揺し、その再編が進行したかを叙述する。第一の再編は、明治末に、商品流通の農村への浸透に伴ってこの村落共同体が動揺したこと、および地主が寄生化し共同労働の統括指導の役割を失って、代わって政府機関がこれを代行するようになったことによって必要となった。この共同体秩序の後退・動揺に対し、イデオロギーの面での家族主義の強調と、伝統的隣保組織の政府による再編が行われた。以後も、大正期における小作争議の頻発や、昭和の農村恐慌に対して、国家機構による共同体秩序の観念的、制度的補強が行われ、それを通じて公権力の介入・浸透が進行したことが、荒削りなスケッチで叙述されている。

さて政治構造の第二のレベルには、以上の政治構造の基底と頂点の政府組織とを媒介する中間的政治機構、すなわち、地方自治組織と政党とが存在する。石田は「あとがき」で、（マルクス主義分析に対抗して）社会的、経済的構造とは区別された意味での政治に独自な自律的構造の分析を試みたとしている。そして、この「政治構造」を、「体制の統合」と「反体制のエネルギーとその組織力」との対抗という軸でとらえようとした、と述べている。このモデルはおそらく、ここでいう第二のレベルの分析枠組みにもっともよく当てはまる。

まず、戦前の地方自治は、自由民権運動への対抗の中で形成されたものであるが、農村共同体秩序がもつ「伝統的内在的統制力」（二七三頁）による非政治化作用によって、中央レベルの政治争点が地方に波及することを阻止すると同時に、下からの政治的要求（エネルギー）を濾過し、「日常的利害の組織化」を妨害して、（国家と国民の間および地主と小作の間の）潜在的利害対立の争点化を阻む機能を担った。さらに、地方自治は、地主、中小企業者など地方指導者を官僚機構の末端の地位（村長、助役）に任命することで、政治権力の下への浸透を濾過し非政治化する装置としての機能をも果たした（一〇二～一〇三頁）。

以上を具体的にいえば、国家が共同体を包摂することによって、「すぐれて権力的な支配も、その末端においては、家族主義的雰囲気において国民生活の土壌の中にくいこむことができるし、逆にこれによって住民が政治権力に対して自らも政治化し組織化することによって対抗しようとする動きに対しては、これを村の平和をみだすものとして排除することができる」（二七五頁）というわけである。

他方、政党政治については、日比谷焼打事件に始まり「閥族打倒・憲政擁護」の運動を経て普選運動へと展開した大正デモクラシーのエネルギーが、矮小な院内闘争やエリート内部の対立に吸収されていく過程を叙述しつつ、保守政党が、矛盾の深化、反体制的エネルギーの増大を、保守政党間の対立の中に発散させ、さらには、議会主義の機構を通じて体制に吸い上げる（二一三、二一四頁）役割を演じたという。さらに、無産政党も、（特に昭和ファシズム期には）「反抗的エネルギーの体制内へのすいあげの装置」（二二一頁）としての役割を演じた。ただ、日本においては（英米あるいはナチス・ドイツとは違って）、政党は体制の統合の上で補助的な機能しか果たさず、主たる統合は前述の地方自治を媒介とした官僚支配によるものであったとされる。

さて、石田の政治構造のモデルにおける第三のレベル、頂点の国家機構のレベルについてであるが、実は、同書には、これについての分析が欠けている。この政治のトップ・エリートの機能とその内部の権力構造の分析が欠けていることとは、同書が国際政治（対外侵略）の分析を欠いていることと密接に関連しており、通常ファシズムの中核とされる軍部をまったく無視して、天皇制ファシズムが議論される結果を生んでいる。石田が、もっぱら国内的統合・抑圧機構に関心を集中させていたことからきたバイアスであろう。しかし、明治国家は、なによりも、対外的危機への対応から生まれたものであり、この側面との関連を理解せずに、国内的統合の意義を理解することはできないのではなかろうか。国内的統合の必要はまさに、この対外的危機（もしくは主観的危機意識）から生まれ、それによって正当化されていたからである。明治国家の国家としての機能は、イデオロギー的にフレーム・アップされた側面があったとはいえ、まさにこの国際関係上の危機に対応するものであった。この側面の分析が欠けているために、官僚制は戦前においても決して主人ではなく、軍や元老あるいは財閥の下僕にすぎなかったという後の村松岐夫らによる批判[5]に対し、同書は有効に反論できない。さらに、対外関係への視点の欠如は、民族的アスピレイションとしての戦前のナショナリズムが射程に入らないという結果をも生む。このことは、前述の国民感情をとらえていないという石田の弱点と関連しているのである。

さて、以上の（筆者なりの）要約をもとに、以下では、石田の分析を方法上の観点から検討しておこう。まず、以上の「政治構造」の分析は、基本的に、各制度（村落共同体、地方自治機構、政党等）が果たしている政治的機能の指摘を中心としている。たとえば、上からの統合、下からのエネルギーの吸収・濾過といった概念はその代表的なものである。そして、各制度の機能的関連として全体の体制の構造をモデル化している。したがって、基本的な分析は、H・ノーマンのような（時間的な）因果関係の指摘ではなく、制度や構造の誕生・維持をその目的（機能）から説明するという形をとった典型的な機能的関係の指摘である[6]。（むろん、すべてが機能的関係をもつわけではなく、病理的逆機能現象の指摘も随所に見られるが。）

ただ、こうした機能的関係の指摘を実証する手続きは、さきの二つのレベル（基底と中間機構）との間では違いがある。基底レベルの分析は、社会学的アプローチによって調査研究された材料、具体的には農村社会学、農村調査（官庁によるものも含めて）の報告を、政治学的に読み込むという作業を中心としている。この部分を扱った第二章が、元来、法社会学会の研究としてまとめられたことは偶然ではなかろう。（川島らの仕事が政治学者によっても継承、発展されているわけである。）ここでは、狭義の政治過程の外、すなわち、社会経済的生活領域における支配構造を主たる問題にしているからである。

この末端の支配構造を、国家機構とのリンケージという観点から再解釈することが、石田の手法であった。ここでは、政治学の射程が著しく拡大し、マルクス主義分析に匹敵する社会全体をカバーしたスケールの大きい分析となっている。(7)

他方、第二の中間的媒介機構の分析においては、石田は、地方自治制度の創設、普通選挙制度等の導入等にあたっての政治エリートの主観的意図を表現する発言から、それらの制度の機能を読みとっていくという手法をとっている。ここではマルクス主義とは違って、制度の機能が、意図されたものであることを前提としている。そのため、先に検討した政治イデオロギーの分析と同様の分析手法が用いられている。

以上のように、政治構造のレベルによって、異なる実証方法が用いられ、それが組み合わされているのが、同書の方法上の特徴である。同書においては、その組み合わせが成功を収め、体系的分析を形づくっているといってよい。

(1)『近代日本政治構造の研究』三七頁に引用。
(2) 同右・三八頁。
(3) 山口利男による書評(『広島大学政経論叢』五巻二号・二一五頁)。
(4) 同様の指摘は、川島武宜「法社会学における法の存在構造」(『思想』一九四九年五月)にもみられる。
(5)『戦後日本の官僚制』東洋経済新報社・一九八一・五～六頁。
(6) Arthur L. Stinchcombe, *Constructing Social Theories*, Harcourt, Brace & World, 1968.
(7) ただ、石田の場合、「社会的権力」は、国家権力とのかかわりという観点からのみ検討されており、それ自体を抑圧的な権力として分析する視点が弱い。そのため、こうしたファシズム分析からは、国家が社会的権力とは一定の距離をとる体制（「自由主義体制」）が成立した戦後においては、この社会的権力（による支配、抑圧）それ自体を政治学上の問題として分析する視点が生まれにくい。本書第二章で述べた、戦後政治学がファシズム分析をその出発点にしたために生じた問題の一側面である。

第五章　近代日本「精神構造」の民俗学的分析
——神島二郎——

本章では、戦後政治学においてユニークな位置を占める神島二郎の研究を検討する。神島のユニークさは、何よりも柳田国男などの日本民俗学の成果を日本政治分析に導入したことにある。ここでは、彼の『近代日本の精神構造』（岩波書店・一九六一）、特にその序説と、第三部をなす「日本の近代化と『家』意識の問題」（一九四九年執筆）とを取り上げ、その内容と方法的基礎に検討を加える。(1)

一　庶民意識の深層

同書の序説において神島は、日本では思想は外来のもので「生活事実との内的関連」を欠いているために、これを分析しても日本の政治的現実に迫ることはできないと述べ、代わって「社会生活自体のなかに民俗として一応結晶している」「精神構造」を手掛かりにすべきことを主張している（六頁）。(2)この主張には、生活することは体系化することであり、普通の人々の「生きた生活」もまた（文明社会における制度体系や思想の場合の観念体系と同様）一つの体系をもつという前提がある（七頁）。(3)そして、外部からの研究者によって観察される行動のパターンからこの体系に接近するのが文化人類学であるというならば、民俗学の場合には、当事者自身が社会的慣習、因習として結晶させた広義の制度（「民俗」）から接近するわけである。また、この制度は、多くの場合固有の「言葉」によって表現されているから、その言葉の検討を手掛かりに、制度とさらにその背後にある精神構造に分析を進めるのである。

こうした神島の方法は、（石田雄のような）思想史的分析と比べて次のような違いをみせる。第一に、思想家や政治エリートの思想・イデオロギーを手掛かりにするのとは違って、「ごくありふれた普通の日本人」の生活意識に直接アプローチする。第二に、行動の真の動機をなし、行動のエネルギーの源泉となる（H・ヘラーのいう）「感情的価値」（三頁）を対象とする。ここには、人を動かしているのは、タテマエにすぎない「思想」などではなく、感情的宗教的価値を含んだ下意識の「精神構造」（五頁）であるとの認識がある。前章で指摘した石田の日本ファシズム分析に欠けていた大衆の（深層）心理を分析対象としているといってよい。

以上の点を、具体的に見てみよう。第三部第一章で、神島は、日本の近代化・工業化を促進したエネルギーが日本の前近代的「家」意識にあったとみる。「前近代的なものが、じつは日本の近代化への跳躍台に転化」されたというのは、その意味である（二四九頁）。この章で、彼は、日本民俗学の研究に依拠しつつ、「家督」、「先祖の祭祀」の観念を手掛かりに次のようにいう。

「従来『家』の祭祀において、『御先祖』という言葉が使われていたが、これは、今日の常識では、すぐに形質進化上の、または血統上の祖先と考えられやすいが、そうではなく、前代の常識によれば、

『家』の創立者であり、『家』創立の初代のみが『御先祖』であった。……だから、『体格のしつかりした眼の光のさわやかで物わかりのよい少年があつて、それが跡取息子でなかつたといふ場合には、必ず周囲の者が激励して、……精出して学問をして御先祖になりなさいと……言つて聴かせたものであつた。……』というのは、こういうことは、その子があらたに『家』を創立し永続させるにたる基礎をつくるだけの力量と気魄とを具備することを保障する言葉だったからである。そこで、『人に冷飯食ひなどとひやかされた次男坊三男坊たちは、之を聴いてどれ程前途の望みを広くしたかわからない』のである。……幕末から明治にかけて、このような〔『家』創立の〕アンビションがかき立てられたばかりか、アンビションそのものが大きくなった……」（二六四〜二六五頁）。

このアンビションの背景には、農村における過剰人口の故に「郷土には大家族のなかにその地位をえようとしてもえられない大衆が、たえまなく再生産され」ていたという事情があった（二五八頁）。その事情を神島は、「厄介」という言葉に表現されたものとして、次のように描いている。「『厄介』というのは、大家族的〈一系型家族〉に含まれる傍系親のことで、土地の開発や耕作のために、おおくの労働力を必要とした時代には、重要視されたが、開発の余地がなくなり、耕作技術や道具が改良されてくるにつれて、かれらは、『家』にとって面倒な『厄介』となり、二三男『オジ』『オバ』を含めて広くこれらを『厄介』と称するようになった。かれらがうけた束縛のなかでことに堪えがたかったのは、結婚の制限であった」（三二〇頁）。そのために「かれらは出でて自由な活動の天地を『広い世間』に求めざるをえなかった」のである。(4)

この「家」創立の意欲（および長男による旧来の「家」の自衛・強化・再建の情熱）こそが、明治期の変革の主体的エネルギーの源泉であった、というのが神島の解釈である。言い換えると、明治期は、「家」創立のまたとない機会を提供することによって、封建時代の閉塞から個人を解放したのであり、そのことが、明治の変革をして、独立した自我意識に支えられた個人の意欲・エネルギーと創意とを動員しえた原因であった。この「家」意識が、マックス・ウェーバーのいう西欧の近代化を支えたプロテスタンティズムに対応するとされる（二六五頁）。のちの近代化論の先駆的業績といってよい。

明治期は、こうした「家」創立の自由の「またとない機会」と開放性とによって特徴づけられている。「もちろんその自由は今日のそれとは比較にならぬにもせよ、もしそれ、これを前代のそれと比較すれば天地霄壌の差である」（二七一頁）というわけである。

明治期に関するこの積極的評価は、執筆当時の一九四〇年代末にあっては、まだ異端的な解釈であった。そのことを神島自身は、「日本の後進性と近代化の歪みばかりを指摘するに急な当時の一般的風潮のなかにあって、わが国をして今日あらしめた力がどこにあったか？という点の探求に私は力を傾注した」（あとがき・三六六頁）と回想している。

ところで、神島によれば、この「家」意識は、事実上の個人の主体性（とそれに対応する「身」の観念）を生み出したにもかかわらず、プロテスタンティズムとは違って近代的な個人の主体意識に発展せず、「家」に対するアイデンティティが維持され続けた。明治期の人々は、儒教的な抽象論理や国学思想あるいは洋学や洋行を通じて、「家」を越える契機を与えられ、その「家」意識を変容させながらも、依然としてその基底に「家」意識を存続させたからである（二八九頁）。言い換えると、伝統的な側面を脱し切れなかったわけである。(5) しかも、近代化に伴う「家」の解体の過程で、このアイデンティティの対象が国家によって代位されていった。（実はこの問題は、その後に執筆された同書の第一部、第二部で「第二のムラ」という概念を媒介にして、より詳しく論じられる。）

二　民俗学と近代政治学の融合

さて、神島は、以上の分析から、民間信仰を手掛かりにさらに踏み込んで、この「家」意識の背後には、「家」の創設者としての「御先祖」として子孫に祀られることを求める「不死を願う素朴な感情」（二六四頁）があった、との解釈を加える。この「家」意識の深層にある宗教的側面の指摘が、第三部第二章における神島の天皇制ファシズム分析につながる。

第二章は、明治初期における廃仏毀釈への民衆の支持という現象を具体的な検討対象としつつ、民間宗教としての神道の分析で始まる。そして、神道こそが、「脈々として民衆の心の底に保持」されてきた「死してなおこの世に自らを止めんとする意志」と「神として自らを祀られようとする念願」とを満たしてくれる宗教であったことが（三〇六頁）、民衆の支持を獲得しえた原因であったとされる。そして、靖国神社は、国家がこの祭祀の永続性を保障することによって、戦争に向けての民衆の奮起を促し、戦死の恐怖を乗り越えさせる役割を演じたとされるのである。日清戦争の戦場に臨む青年との会話を記録したラフカディオ・ハーンの一節を引用しつつ、神島は、この論理は、「あたかも『家』に奉仕した先祖の霊魂が『家』の祭祀によって永く保持されるとともにその子孫を守護すると同様、『国』に殉じた人々の霊魂は国民の礼拝をえて永久生命を獲得するとともにその『国』を永遠に防護するということであった。こうして、日本人古来の信条と念願とが継承されることになった」（三一四頁）と述べている。

しかも注目すべきは、神島は、ここに「個人性への強い関心が伏在しており、国家との結びつきによって『家』からの離脱がなされている」（同）ことを指摘している点である。すなわち、『『家』の祭祀では、家の創立者を除けば、個人の記憶はおのずからなる忘却に委ねられ、そうじて共同の霊体の保持はあっても、個人性は失なわれるのが普通だった」のに対し、「靖国神社の祭祀は、まさにこのような個人性を保持することにその特徴があった。そこでは、まったく個人のみが祀られるのであり、その個人の名は永久に保存され、……祭礼ごとに……その記憶が新らたにされる」（三一〇頁）。政治的にマニュピュレートされているにしても、民衆の、神として永久に祀られようとする念願は、「個人として祀られる」ことを求める要求であったという前提が存在していたことを見逃してはならない、というわけである（三〇六頁）。ここにもまた、集団から離脱し独立した個人の（事実上の）主体意識があり、それが単なる盲目的従属や忍従とは異質の、個人の自発性とエネルギーを生み出しているというのである。

このように、神島は、明治期に近代化を推進したエネルギーと、侵略戦争に動員されたエネルギーとが、同じ根をもつと指摘しているのである。

以上が（同書の複雑な内容を筆者の関心から大胆に捨象した）第三部の要約であるが、以下幾つかの方法的問題を指摘したい。第一に、神島は、日本民俗学の研究を引用しつつ、庶民意識の深層に迫ろうとするのであるが、彼自身による民俗学的方法での実態調査結果が論証の中心を占めているわけでは必ずしもない(6)。たとえば、幕末・維新期に「立身出世」を遂げた一二人の代表的人物の伝記を素材に、彼らの「家」観念のあり方とその変容を検討している(二七三～二八九頁)。また幕末勤王志士における二、三男の割合を、人名録によって推計している(二五八～二五九頁)。歴史的な文献資料の重要性はそれ以外の分析にも散見される。この意味では、相互に異質な資料を援用して、既存の民俗学上の研究成果をより広い文脈のなかで再解釈する作業が彼の研究の中で(実態調査以上に)大きな位置を占めているといってよい。神島自身は、国学から民俗学への「深化」が観念の体系から断片的事実への下降であるとしているが(八頁)、それを再度、体系化することが、彼の狙いであったといえよう。(この体系的解釈という作業は、第一部、第二部で一層徹底して行われ、ファシズムを支えた政治文化についての、より総体的で魅力的な分析に成功している。)

したがって、近代化が進行し、民俗学的資料が少なくなるにつれて、同じ方法では分析を行いえないことになる。宗教的慣習や、共同体の儀式のような「可視的な」民俗資料は、量的に急減するばかりか、存続している場合でも、もはや民衆の深い感情を表現しているとはいえない状態となるからである(7)。神島の研究が必ずしもその後の政治学に継承されていかなかったのはそこに原因があるように思われる。その結果、こうした研究は、後のいわゆる日本人論にしばしば見られるように(民俗学的研究を補うものとして第三部や同書の他の部分でも活用された)文芸作品や伝記あるいは雑多な風俗描写といった資料が、一貫した方法なく引用され、思いつき的な評論に堕する危険をもつことになった(8)。それを克服すある一つの可能性は、エスノメソドロジーのような第一次資料を体系的に収集する方法を確立することであろう。

第二に、同書では、民俗学の成果の再解釈のための（比較の）枠組みを、ウェーバーや丸山真男らのいわゆる近代主義社会科学者から借用している。プロテスタンティズムとの比較や、個人の主体性意識といった概念はその典型である。神島の研究は、いわば民俗学と「近代政治学」との融合から成り立っているといってよい。この意味で、彼の近代主義者への立場はアンビヴァレントである。既に見たように、一方で、丸山や石田のアプローチとしての思想史分析に厳しい批判を浴びせながらも、他方で、「問題意識」と価値評価とを共有しているからである（二一頁）。

このことは、第三に、神島には、同時に、日本ファシズムに対してもアンビヴァレントな評価が認められるという点に関連している。彼は、日本の政治文化や天皇制イデオロギーの中に、西欧的価値基準からは断罪できない心情を認め、これに内心の共感を禁じえない部分がある(9)。それは彼自身の戦争体験に根ざしており、日本民俗学の伝統の中にも脈打っているものであろう。その観点が、彼をして、個人の主体的、すなわち自発的献身の要素を強調せしめる結果になっているものと思われる。日本ファシズムを全否定する立場からは抜け落ちる指摘が生まれるゆえんであろう。

なおこの関連でいえば、第一部では、神島は、日本ファシズムの一つの母胎となった「学生・生徒の共同生活と自治の訓練」の伝統のなかに、「一種の運命共同体意識」（一九、一〇一頁）が存在し、それが感激を伴う強い仲間意識を生み出していたことを強調している。また、その連続の上にある国家への自己犠牲に伴ったロマンチシズムも、単なる集団への埋没・逃避ではなく、そこには強烈な「個人心」の発露があったことを指摘している（四七頁）。彼はここで、ファシズムを（単なる侮蔑や恐怖の対象としてでなく）危険な魅力をもったものとして描いているのである。この点が近代主義者によるファシズム理解とは鋭い対照をなすことはいうまでもない。

（1）この序説と第三部とは、元来「近代日本の精神構造——家族国家論形成の基盤をめぐって——」という一つの論文として『国家学会雑誌』一九五三〜一九五五に連載されたものである。同書に収録されたものの中では、もっとも早く書かれた論文であり、彼のアプローチのユニークさを検討するには最適であると思われる。

（2）こうした「民俗」は、文明社会化に応じて「制度・観念体系」として客観化され、それを手掛かりに研究することが可能となる、とされる（六頁）。この観点からみると、石田雄の研究は、「文明社会化」を前提とした、そうした試みであったといえよう。

（3）Cf. Anthony Giddens, *New Rules of Sociological Method*, Hutchinson, 1976.

（4）神島は、こうした社会上昇圧力が「国家のたえざる膨張」さらには「対外進出」を生みだした、とする（三八頁）。ここでは、日本の帝国主義は、支配層の責任というより、国民的「エネルギー」の結果であったと解釈されることになる。後にみるように、神島は、明治期の近代化における国民的「エネルギー」をポジティヴに評価するが、それは裏を返せば、侵略戦争への国民自身の責任を問うことを意味したのである。

（5）この伝統的側面は、群集の喝采を博そうとするような「対群集的個人意識」という特徴にも見られる（二五二頁）。

（6）本章のもとになった旧稿、『ＵＰ』連載第六回の「神島二郎の近代日本『精神構造』の分析」（一九八七年一二月号）において、筆者は、神島氏が民俗学の成果を利用してはいるが、自らは民俗学的「実態調査を試みているわけではない」と誤った指摘をし、氏自身から厳しいお叱りを受けた。注を見れば、いくつかの「事例」

が著者自身によって「採集」されていることは明らかである。また神島氏は、若い頃から「観念的」議論だけに終始する当時の知識人の風潮に批判的で、「日本の現実」を知ろうと試行錯誤し、その中から当時「調査らしいことを社会科学の中で現実にやっていた」唯一の学問たる柳田国男の日本民俗学に引かれていったという（神島『磁場の政治学』岩波書店・一九八二の序文）。こうした経緯から、「自らは『調査』を行っていない」という批判には、よけいに立腹されたのであろう。筆者が「誤解」したのは、日本民俗学における「調査」というもののあり方への無知からであった。そこで筆者は、神島氏に直接会い、氏自身の研究方法や民俗学における研究スタイルを伺うとともに、日本民俗学についての方法論的な論文の紹介を受け、それにもとづいて以下のような認識を得た。すなわち、民俗学においても、文化人類学におけると同様、研究手法の上では、二つの系列が見られる。文化人類学については、川田順造の言葉をかりれば（『悲しき熱帯』中央公論社・一九七七への訳者前書き）マリノウスキーやラドクリフ＝ブラウンなどのような「島」社会の全体像を記述する方法であり、一つは、レヴィ＝ストロースのような、広い地域にみられる慣習や、伝搬によるその変容形態を手掛かりに分析をすすめるという方法である。日本民俗学においては近年、前者の方法が「総合調査」、「地域研究法」などの名で盛んになってきてはいるが、伝統的には柳田国男の指導のもとに（レヴィ＝ストロース型の）後者の方法が圧倒的であった（上野和男他『民俗研究ハンドブック』吉川弘文館・一九七八）。同書に使われている神島氏自身による調査もこの系統に属する。この方法では、採集された（それ自体としては断片的な）事例が、（柳田の場合のような独自に構築した）人的ネットワークや同人誌あるいは研究会での発表などを通じて蓄積されて、そのうえで一定の地域的広がりをもった特定の「民俗」（たとえば、魂呼のような風習）のもつ意味についての解釈が加えられ、（さらなる採集が続けられるとともに）この解釈をめぐって論争が行われる。さらにはそれにもとづいて、地域的に特殊な「民俗」の位置づけも議論される（神島「柳田國男の学問と思想」『成城大学民俗学研究所紀要』一九八五、また、同「民俗学の方法論的基礎」『文学』一九六一年七月、同「常民とは何か」『常民の政治学』講談社・一九八四所収参照）。つまり、個人がフィールド・リサーチを通じて総体的な知見を得るようなものではない、ということである。神島氏は、一方で、事例の解釈や理論化を通じて、他方で事例の採集そのものを通じて、民俗学の学界に寄与しており、（筆者が旧稿で述べたような）単なる「安楽椅子の研究家」にはとどまらない民俗学者である。また、同書では、位牌の分割、すなわち、家制の類型とその分布の実態を知るために、全国の民俗学の会員一〇〇余名へのアンケート調査が実施されている（その成果は、二六七～二六九頁に紹介）。研究者に対するアンケート調査はこの学界ではそれほど珍しくない研究方法であるといわれるが（福田アジオ・宮田登編『日本民俗学概論』吉川弘文館・一九八三・二五四頁）、先の伝統的な方法の延長上にあるものである。ただ、こうした採集調査は、元来断片的なもので、それ自体としては、同書のような理論的体系に対しては、アイディア・インスピレーションを得るための手掛かりか、例証の素材を提供しうるにすぎない。したがって、この方法が論証の中心を占めることは元来ありえないのである。いずれにせよ民俗学の方法についての筆者の未熟な理解から、神島氏の研究について誤った記述をしたことを、この場を借りて改めてお詫びしたい。もっとも、門外漢の筆者が民俗学の方法を正しく理解しているかどうかには、依然として完全な自信はもてないでいる。読者諸氏による御批判をいただければ幸いである。

（7）　戦後の民俗学そのものは、近代化によって急速に失われつつある（農村の古い）「民俗」の収集にその努力を傾注することになった。歴史学の一分野としての学問に傾斜していったわけである。一九七〇年代には、何人かの民俗学者によって「都市民俗学」が提唱されたが、独自の方法論を確立しえたとはいい難いようである。神島は、『日本人の結婚観』（筑摩書房・一九六四）において、「都市化の民俗」の研究方向を模索してみた、という（「日本社会と常民」桜井徳太郎編『日本民俗の伝統と創造』弘文堂・一九八八・一七頁）。

（8）　神島は、（権威主義的な）日本の図書館では受け入れられないような「雑本」を広く収集し、読みあさることを独自の研究方法の一つとしている。それ自体ユニークな努力であり、彼の独特な仮説を築くことに貢献していることは疑いないが、検証手続きとしては問題があろう。また、後には、たとえば京極純一などが、民俗資料に代わるものとして、しばしば、流行語や外国語に翻訳不能な日本独自の概念を表す言葉を、日本人の生活文化を表現するものとして、検討の対象にしたが、これも検証のうえでは疑問が大きい。

（9）　この点は、自伝的な要素を濃厚にもつ同書の「あとがき」にも、さらに明瞭に窺える。

第Ⅱ部　「逆コース」時代の政治とその背景

第一章 「逆コース」時代の政治学的体制分析

――岡義武編『現代日本の政治過程』――

戦後初期の日本政治学が、天皇制ファシズム分析を中心課題とし、歴史学的、思想史的、心理学的、民俗学的等さまざまな方法にもとづいて、これに取り組んできたことは、第Ⅰ部で述べてきたとおりである。他方、他山の石としてのワイマールやナチス時代のドイツ、あるいは模範としての欧米デモクラシー諸国（当時はとりわけイギリス労働党政権に人気があったといわれる）について、主として歴史的分析が盛んとなった(1)。

ところが、当時の政治学者たちが、近代欧米の政治や天皇制ファシズムの分析に取り組んでいた数年の間に、日本の戦後政治は目まぐるしく展開した。とりわけ、この間に、占領軍や米本国政府の支持を得て「旧勢力」、「保守勢力」が急速に復活し、戦後改革を骨抜きに、あるいは公然と逆転させようとしてきた。いわゆる「逆コース」と呼ばれる現象である。かつて、戦後改革を何よりも学問の自由の回復として喜び迎え、戦前の体制への厳しい批判を課題としてきた政治学者たちが、この動きに深刻な危機感を抱いたのは当然であった。

こうした背景の下に、東京大学法学部系の（若手を中心とした）政治学者によって戦後政治に関する本格的共同研究が開始され、戦後政治についての最初の体系的著作がまとめられた。それが一九五三年日本政治学会年報の特集号『戦後日本の政治過程』であり、一九五八年に、その後の経過についての分析と大幅な改訂を加えて、『現代日本の政治過程』（岩波書店）として再刊された。同書は、「逆コース」時代についての日本の政治学者による当時の共通認識を反映するとともに、それを体系化し、逆コース後の日本政治に関する解釈としても永く支配的となり続けたパラダイムを提供した。そして、そのことによって、戦後政治学に決定的な影響を与えたといってよい。

以下では、まず、同書の第一部および第二部（Ⅰ）における岡義武および辻清明による分析を検討したい。なお、五三年版と五八年改訂版との間には、いくつかの重大な修正が認められるが、本章では、特に断らない限りは、改訂版を検討の対象とする。

一　日本の「支配層」

さて、第一部は、政治史家岡義武による「現代日本政治における外圧・反応」と題された論文である。ここでは、(1)日本政治を取り巻く国際政治的環境、(2)占領軍を介したその占領政策への反映および左翼急進主義運動に対する占領軍の対応、(3)労働運動、社会主義運動の展開、(4)以上に対する日本の「支配層」の対応、の四つの局面に対して分析が加えられる。この分析は基本的に政治史的な叙述を通じて行われるが、ここで、岡は、占領政策の修正・転換を二段階に分け、第一期の転換としては、①一九四六年のメーデー事件への声明から四七年の二・一ストの禁止に始まり、四八年の国家公務員法改正をへて、レッド・パージに至る労働政策上の転換と、②初期の懲罰的賠償政策、独占禁止政策が経済復興のために大幅に修正ないしは撤廃され、ついでドッジ・ラインによる資本主義的復興政策が強行されるという経済政策上の転換との二つの過程からなること、また、第二期の転換は、朝鮮戦争を直接のきっかけとした「アメリカ防衛体制への編入」、具体的には、警察予備隊創設の指令、(単独) 講和条約、安保条約の締結からなるものであったとの枠組みを提示している。占領の時代区分は、現在の学界でも重要な論争点であり、その前提たる「占領政策の転換」についての解釈も多様であるが、一九五〇年代に既に示された以上の分析枠組みは、今日の研究の水準からみても妥当なものである。また、この枠組みにもとづいて、バランスのとれた占領政策の展開過程について叙述がなされていることも、高く評価されてよい。

ただ、以上の分析においては、初期占領政策を別とすれば、アメリカのグローバルな政策の展開とその日本占領政策への反映というリンケージ (もしくはその間のズレ) の実証的裏付けがほとんど欠けている。資料的制約や当時の研究段階からいってやむをえなかったと考えられるが、このために国際冷戦という背景の叙述が、いわば状況証拠的に、「国内冷戦」(GHQと日本共産党との対決) の展開と結びつけて論じられる結果となっている。しかも、このことは実は、国際冷戦を主として国内冷戦の観点から解釈するという当時の知識人の多くに見られたバイアスに結びついており(2)、冷戦の責任・原因という問題を論ずる際に重大な意味をもつ。

冷戦が、米ソいずれの攻撃的（ないしは主観的には防衛的）意図のもとに始まったか、あるいは相互作用、相互不信の中から生まれたのか、という冷戦の原因・責任論は、（政治学的以上に）極めて政治的なインプリケーションをもつ。岡の叙述は、この問題を（巧みに？）回避しており、国際政治のレベルでは、米ソいずれの外交政策をも評価・批判的に分析することを避けている。そして、アメリカの冷戦政策に対する批判は、もっぱら日本の保守勢力と提携した事実に向けられているのである。この点をもっとも明示的に表現しているのが、旧版における次の結論部分である。

「日本保守勢力との提携は、アメリカが意図するコムミュニズムと対抗する上において果して充分に有効であろうか。人民大衆から遊離しこれと対立した日本保守勢力は、コムミュニズムのさまざまな形における攻勢を支える上において果して信頼し得る強力な同盟者たるに価するであろうか。対日占領政策への省察を通して抱かれるこの疑問は、しかし、実はひろく今日のアメリカの世界政策全般に対して向けられ得る……いずれにせよ、日本が自由にして且つ平和な国家として成長し得るとすれば、それは、今後における進歩的勢力の発展とそのステーツマンシップとを措いては、これを他の那辺にも求めることはできないであろう。」（二五頁）

ここに示された政治的評価の前提には、当時の近代政治学者に共有された政治的、および政治学的認識があったと考えられる。それはまず、丸山真男の言葉を借りれば、英米民主主義対ソ連全体主義という世界的規模の対立においては、リベラリストの立場から基本的には自由主義国たる英米を支持するが、日本における共産主義との対決については、「政治的判断の世界における高度のプラグマティスト」としての判断から、「現在の情況において共産党が社会党と並んで、民主化――しかり西欧的な意味での民主化に果たす役割を認めるから、これを権力で弾圧し、弱化する方向こそ実質的に全体主義化の危険を包蔵することを強く指摘したい」という。(3) それ故、この日本の右翼全体主義の傾向を支えるアメリカに対して、日本においては対決せざるをえないというわけである。

この政治的主張の前提には、さらに、「日本の諸社会関係の民主化をひきとめ伝統的な配線構造を固定している力」の強靭さ、「前近代的要素の広汎な残存」(4) についての政治学的認識がある。ここには、近代政治学者の日本理解と国際政治評価との間の緊密な関連が認められる。

ところで、以上の議論は他面では、次のような論理に支えられている。それは、日本の保守勢力は、アメリカの政策転換に便乗し、それを利用してはいるが、アメリカ政府と日本政府の政策の間には、構造的連関が欠けているという判断である。言い換えると、日本の「支配層」はアメリカのそれに構造的には従属しておらず、前者の反動性は、アメリカ帝国主義の直接の反映ではなく、独自の力と意思とをもち、日本独自のルーツ、すなわち、前近代的要素にもとづくものである。したがって、日本における反動は、アメリカの自由主義的反共体制の一環としてよりは、独自の伝統的反共主義の復活としてとらえられる。実は、この政治学的認識があるからこそ、国際政治の動向への評価を括弧に入れたままで、日本の支配層の評価を行いうるのである。先に述べた岡による国際冷戦の分析と国内冷戦の分析とが、十分に嚙み合っていないことは、このことの一つの反映に他ならない。

こうして、日本の政治学者は、講座派的な政治認識から出発しながらも、戦後政治の解釈と政治的主張においては、日本資本主義の自律性を強調する労農派の解釈に接近していった。

さて、日本の政治エリートについての岡の分析の検討に移ろう。ここでは、日本の「支配層」における、降伏への決断に示された旧体制温存第一の意思、占領改革への受動的抵抗、米側の転換への便乗、そして講和後における（憲法改正など）旧体制復活の動きという一連の態度が指摘され、そこに反民主的傾向が一貫して流れていることが強調される。そもそも、具体的な歴史叙述からなる岡の論文の中で、この「支配層」という言葉だけが、（「進歩・民主勢力」というその対概念を別とすれば）唯一分析的な概念である。しかも、この「支配層」がどの政治勢力を含むのか、明示されていない。

実は、このテーマをより分析的に扱ったのが、次の（第二部I第一章の）辻清明による「政治政策の基本線」という論文である。ここで辻は、岡の挙げたものとほぼ同一の事例を引照しながら、「支配層」に見られる二つの基本線、すなわち、「八月一五日を境界とする新旧の政治構造の間に存する連続性」と「国民主権の具体的発動に対する支配層の恐怖という事実」（五四頁）とを指摘している。

占領とともに、木戸孝一らの宮廷・重臣層が影響力を失い、軍と内務省が解体され、地主制、財閥に厳しい改革が加えられ、保守政党が追放によって壊滅的打撃を受けたという事実を考えると、制度的、人的連続性という意味で、辻のように「新旧の政治構造の間の連続性」を指摘することには、慎重にならざるをえない。その観点から、改めて辻および岡が支配層の存続の例証として挙げている事例を検討してみると、実は、「支配層」と彼らが呼んでいるのは、鈴木貫太郎内閣から岸内閣に至る政権の中枢を占めたトップ・エリートであることが分かる。この意味での（第二レベルの官僚や政党政治家、あるいは資本家などを含まぬ）「支配層」において、辻や岡が実証したように、天皇制（少なくとも皇室）の存続への強いコミットメントと民主的な制度および運動に対する拒否的態度との二点において、一貫した姿勢が認められることは、否定できない。むしろ、このイデオロギー的共通性の故に、しかもその点に限って、「支配層」という概念で一括して論ずることのできる同質性、連続性が確認できるのである。

筆者は、一般的には、エリート内部の統一性をアプリオリに前提して、詳細な実証研究を省く傾向をもつエリート・モデルの日本政治への適用には、批判的であるが、この時期のトップ・レベルの保守政治家に関する限り、（「支配層」と呼ぶかどうかは別として）かなりの人的制度的非連続にもかかわらず維持されたイデオロギー上・政治文化上の連続性とコンセンサスとがあり、彼らを一つのエリート集団として分析することには、十分な意味があると考える。（ただし、石橋湛山、芦田均、三木武夫など、思想的に異質な保守党政治家がいたことも見逃せないが。）

ただし、この「支配層」が、天皇制擁護と急進的労働運動・市民運動に対する恐怖・警戒との二点において、当時の大部分の日本人の意識を代表（あるいは少なくとも反映）していたのではないか、との疑問は残る。このエリート・マス間のコンセンサスがあったからこそ、選挙においても保守勢力が多数を占めることができたともいえる。だとすれば、このエリート・マス間のコンセンサスが、世論操作、教育支配などエリートによる作為（あるいはそれを可能にする権力）によるものか、政治文化上のいわば自然的なものかについての分析が必要となろう。(5)

さらに、トップ・エリートにおける伝統的・権威主義的イデオロギーの背後に、なんらかの支配構造（官僚支配や保守党基盤）が存在し、トップ・エリートの支配と背後の制度的利益（ないし権力）とが構造的に関連しているのか、あるいはまた、このイデオロギーがなんらかの階級の利益を擁護する機能を与えられたものであるのか、といった問題が浮上する。

いうまでもなく、ミクロな観点からいえば、トップ・エリートのイデオロギーは、政策を決定するもっとも重要な直接的要因であり、それだけで重要な研究テーマであるが、それが単にリクルートの過程における政治的社会化の結果であるにすぎないとすれば、（憲法改正などの）制度改革に成功しない限りは、世代交代や彼ら自身の政権の場における「学習過程」を通じて徐々に、しかし着実に変化するものと考えることができる。他方、このイデオロギーの背後に、それを支えている権力構造があるとすれば、この制度的背景を変えないかぎりは、永続することになろう。この解釈の違いは、「逆コース」の反動性の深刻さにかかわる重大問題である。

いずれにせよ、「支配層」における反民主的イデオロギーの指摘は、政治的中間構造と下部構造上の分析課題を指し示す。この問題を扱ったのが、同書の次章以下の分析であり、節を改めて検討したい。

二　「逆コース」の構造的基盤

ここでは、「逆コース時代」の反動政策が、政治的、経済的あるいは社会的にいかなる基盤をもつのか、という問題の分析として、『現代日本の政治過程』の第二部以下の諸研究を検討する。すなわち、同書が単なる「支配層の意図」という解釈を超えて、この「支配層」のイデオロギーの背後にある構造的要因を探ることにどこまで成功しているか、という観点から検討を加える。

この観点から最初に取り上げるべきは、辻清明による戦後の官僚制についての分析である。（I）の第二章（二）における彼の分析は、一口に言って、「支配層」による反動的政策が何よりも、（戦前との強い人的連続性をもった）特権的高級官僚による権力と特権との擁護・回復の動きであったとしている。逆コースを、官僚支配の復活過程としてとらえているといってよい。日本の官僚機構は、間接統治によって占領改革を生き延び、講和後は統治の知識・能力を欠いた政党に代わって政策決定の中枢を占め、また国民の遅れた意識に助けられて官僚出身者（特に旧内務官僚）が地方行政に根をおろし、中央政界にも進出したが、こうして築いた戦後政治における保塁から、戦前の「権力的支配」の復活のために、さまざまな制度改革に乗り出したというわけである。具体的にいうと、地方自治については、再建整備法の実施、町村合併の強行、出先機関の存続、さらには知事官選論や「地方制」案の主張などが、警察制度については、一九五一年に始まる警察法改正、都道府県単位への一元化、国家公安委員会委員長の閣僚化などが、教育制度については、教育委員会の公選廃止による「国定教育」への再編などが挙げられている。それに加えて、一旦平等化された公務員制度が、再び差別化制度の導入により、高級官僚の特権と、部内の「非合理な服従関係」を復活させたことが指摘されている。

以上のような、高級官僚による権力と特権との擁護・復活は、一口にいって中央集権化の試みであったといってよいが、それが当時の反動政策の一つの中心的原動力であったことは、辻のいうとおりであろう。そして、先に検討した石田雄のように、戦前の体制を何よりも官僚支配の体制であったとみる限りにおいて、以上の逆コースは、旧体制の復活過程でもあった。ここから戦前戦後の連続性を強調する解釈が生まれる。

しかし、戦前との比較についていえば、少なくとも次のような二つの重大な違いが存在する。第一に、戦後の官僚支配は、「官尊民卑」「御上意識」といった権威主義的、家父長的、あるいは国家主義的側面を残しながらも、かつて天皇制イデオロギーがもった擬似宗教的側面を払拭しており、その結果、皇室の存在とは明確な一線を画したことである。依然として温存された権威主義的・伝統的側面を「天皇制的」と呼ぶかどうかは定義の問題であるが、逆コース時代の官僚支配の復活が、狭義の天皇制シンボル(「天皇の官吏」)抜きに達成されたことの重要性は看過しえない。

第二に、しばしば内務省の復活と呼ばれた自治省の誕生が、実は、地方六団体の要求に支えられた保守政党の主張によって実現したという経緯が示すように、戦後においては、官僚の復権もまた、保守政党の支持なしには不可能であった。地主制、財閥、軍、重臣の解体とそれに代わる中心的政治エリートとしての政党の登場は、戦後に復権した官僚制の取り巻く政治的環境を一変させていたのであり、その復権がもつ政治的意味をも変化させていた(6)。

したがって、官僚支配の試みと幾つかの局面でのその成功を指摘するだけでは、体制全体における(石田のいうような意味での)戦前・戦中と同様の官僚(官憲)国家の成立、あるいはその方向への傾向の存在を実証したことにはならない。こうしたマクロな体制分析および体制変動分析につなげるためには、全体的なレジームの反動化という文脈で、辻が指摘した官僚による権力と特権の回復過程を位置づける作業が不可欠である。ところが、同書は各政治主体に関するミドル・レベルの分析が並列されているだけで、その相互の関連についての議論がまったく欠けている。

同書の共同研究のあり方あるいは編集の問題であろうが、辻自身については、その一因として、前節で検討した彼の「支配層」あるいは「支配層の意図」という概念の問題性が改めて指摘されなければならない。この概念は、政治的・党派的シンボルとしては有効であり、かつ戦前との連続性と結びつけられて強力な政治批判の用具となるもので、事実、近代政治学が戦後政治批判として後々まで政治的に援用した概念である。ところが「反動」内部の相互関係と力関係とを検討する分析概念としては、「判断停止」を導き、詳細な分析ばかりかマクロな体制分析をも阻害する機能を果たしてきた。

この前提には、同書における政治分析が、単なる分析ではなく、政治批判の意図がこめられており、しかもそのことが方法的にデリケートな問題をはらむことへの自覚がほとんどなかったという事情が存在する。そのために、丸山のファシズム分析にみられた「禁欲」にまつわる前述の問題性が、戦後政治分析に一層拡大した形で露呈することになったのである。

さて、第二の分析課題たる同書の保守政党研究の検討に移ろう。第二章（一）「政党と政党政治」は、岡義達によるもので、戦後における政党再編の錯綜した過程を、争点との関連を見ながら、基本的に政党体系――政党間の対抗関係――のレベルで追ったものである。本章の文脈で筆者が注目したいのは、岡が、ここで、(1)戦後初期の日本政治の基本状況を設定したのは日本共産党であり、保守党政府の政策は、共産党への（いわば防衛的な）対抗という視点から解釈されるべきであるとしていること（七一〜七四、一〇九頁）、これに対して、⑵講和前後においては、GHQという最終的統合機関の支えを失った保守党が、派閥化を一層促進させ極度の不安定化に直面して、これを克服するための統一のシンボルとして、憲法改正問題を浮上させたという指摘（九三、一〇八〜一〇九頁）をしていることである。

岡のこの解釈は、「支配層」の一貫した意図という辻の解釈とは異なり、一九四六年の食糧メーデーへの対応に始まる占領軍が主体となったいわゆる「第一次逆コース」と、講和前後に始まる保守政党（特に改進・民主党系）がイニシアティヴをとった「第二次逆コース」とが異なる背景をもつ反動であった、というものである。言い換えると、一貫した動きに見えるものが、それぞれ背景を異にした政策であったことが指摘されているのである。そして、第二次逆コースについては、何よりも保守政党の側の政治的背景が強調されている。実は、この後者の側面を政党構造のレベルで、より突っ込んで検討したのが、第二部（Ⅱ）第三章における木下半治と近藤康男による分析である。

まず木下は、この政党構造のうち職業政治家のレベルについて、「追放政策の破産――旧勢力の復帰」という観点から、戦前との人的連続性を指摘している。すなわち、政治家、官僚、財界人のいずれをとっても、「追放政策は日本の政治および経済に何らの痕跡も残さなかった」と結論づけ、特に「被追放政治家は首相あるいは平大臣として政治の前景に躍りだし、被追放官吏も国会議員あるいは大臣と姿をかえてこれも政治の第一線にたっている」（二六四頁）と強調している。「何らの痕跡も残さなかった」というのは明らかに誇張であるが、「第二次鳩山内閣は閣員十七名のうち十三名まで被追放者を含んでいて……岸内閣は被追放者の率こそそれよりは少いが（十六名のうち八名）、そのかわり首相にA級戦犯をもっている」（二五三頁）という事態を見れば、戦前との人的連続性は否定すべくもない。前節で指摘した戦後のトップ・エリートに共通する天皇制への郷愁と民主主義への警戒とのイデオロギー的特徴が、第二次逆コースの時代に一層顕在化したことの理由は、この戦前との連続性によって説明可能である。この時期、このイデオロギー的特徴が、トップ・エリートばかりでなく、保守党のサブ・リーダーにも同程度に共有されていたこともこの人的連続性から明らかである。復帰した被追放者が、戦前のイデオロギーを温存させたばかりか、追放という事実によって占領改革に敵意ないし批判を抱いたであろうことは、容易に想像されるからである。

ただ、彼らの目指す旧体制は、官僚のそれと同一のものではなかったことも注意を要する。前述のように、官僚の目標がいわば皇室抜きの「天皇制的」官僚支配であったとすれば、保守政党における天皇制は大衆動員のシンボルとして何よりも皇室の存在を中核とし、いわば官僚支配抜きの天皇制を目標としていたからである。だからこそ、保守政治家たちの多くが最終的に象徴天皇制支持に収斂していくことが可能であったのである。

さて、以上の分析に続いて、近藤が、保守党の支持基盤である農村の戦後における社会変化を分析している。ここで彼は、農地改革により、農村支配の構造が再編成され、いまや中富農的上層農民が新しい支配層となったが、にもかかわらず「彼等は旧藩時代から続いているところの部落を旧い秩序のままに保った」（二七二頁）と指摘している。いわば地主制抜きの前近代的社会関係の温存である。戦前との

こうした連続性をもつ農村の伝統的共同体秩序は、保守党政治家の旧意識を支える政治文化として機能するであろう。(7)

他方、この新しい支配グループは、村役場や農協の役員に就任し、県や中央から交付金や補助金、公共事業費を取ってくることで自らの地位を守り、そのことによって、「国家独占資本のエージェント」となったとされる。この側面は、第三部で升味準之輔によってより詳細に分析されるが、逆コース時代に既に、後の高度成長時代の政治が準備されていたことを示しているといってよい。

続いて、木下がより明示的に保守党の組織基盤の分析を行っている。まず、農村においては、地主が一時的に後退はしたが、農協などに根をおろし、さらに講和後は、農地の返還あるいは国家補償を求めて運動を行い、保守党運動の中核となっていると強調する。近藤の分析よりは、より強い人的、階級的連続性を指摘しているわけである。さらに、保守党議員は補助金の獲得や就職・結婚の斡旋を通じて「遅れた農民層を自己の周りに結集する」が、その前提には、「農村封建性の基礎たる協同体の組織」たる「同族組織」が温存されている点を指摘する（二八八頁）。

他方、都市については、暴力団、街商、土建業者などの「反社会集団」が、院外団に代わって保守政党の末端に組織されているばかりでなく、保守党指導者がこうした「反社会集団」のボスと直接つながりがあることが指摘される。また、講和後に復活した右翼や（軍人恩給復活のための圧力活動を組織した）旧職業軍人も保守政党の底辺を構成しているとされる。旧軍人は、国会議員など政界に進出したものもあり、また軍人恩給復活を要求する保守党系の圧力団体としても影響力をもった。そして以上のような保守政党の末端を形成する集団は、いずれも戦前型の政治文化を濃厚に維持している。暴力団や右翼における親分・子分の結束といった封建的・反動的文化、あるいは旧軍人における軍国主義的傾向はその典型である。こうしたイデオロギーが、保守政党のなかに浸透したことは明らかである。

以上の分析からは、（後に綿貫譲治が定式化したように[8]）保革の政治対立が何よりも政治文化の対立としての性格をもっていたことが導かれよう。京極純一による「天皇制が日本的な生活様式（即ち伝統的社会秩序）の象徴へと転換された」（四四八〜四四九頁）という指摘は、その端的な表現である。

最後に逆コースの最重要政策としての再軍備の経済的もしくは国際的背景についての分析を見ておこう。この点については、信夫清三郎が、「独占資本」・財界の再軍備要求を取り上げ、これが、特需の減少による過剰生産・投資の克服をめざしたものであることを指摘している。この古典的マルクス主義解釈を裏付けるために、信夫は、財界首脳による圧力団体活動を例証している。軍需産業界と重化学工業界出身の財界人が、この時期活発な圧力団体活動を行ったことは事実であり、その基礎に、業界の不況、すなわち過剰投資、過剰設備の問題があったことも否定できない。しかし、財界が政治を支配し、政府の再軍備政策を左右するほどの力をもっていたことを実証するには、この信夫による分析では不十分である。単なる一解釈、一モデルの呈示にとどまっている。

しかも、同書における経済学者、遠藤湘吉による分析は、信夫とは対照的な解釈を呈示しているのである。日本経済が軍事化されているという主張を遠藤は次のように否定する。「たまたま軍需動員が実施されたという事実のみをもって、経済が軍事化されたということはできない。経済の軍事化とは、一定の状態にある資本主義をさしていうのでなければ、無意味であろう。すなわち、一国の資本主義を支配するところの独占資本が過剰資本の存在になやみ……この過剰資本の処理方法として、……軍需品の生産が行われる〔状態をいう〕。……このような状態を現出させるためには、財政による軍事費支出が相当規模に達することを必要とする。しかも、現在の日本においては、いわゆる合理化や生産性向上をめざす投資のために、いぜんとして財政による国家貯蓄が強く必要とされる限りは、一定の規模に達する軍事費の支出はきわめて困難であるといわなければならない。このような意味で、われわれは、将来はともあれ、現在の日本経済が、〔朝鮮〕動乱以後軍事化されたということはできないであろう」（二〇三頁）。

言い換えると、遠藤は、財界の圧力活動は、その成果を十分にあげているとはいえない点を指摘しているといってよく、財政的経済的背景をもった抑制要因が存在していることを示唆しているのである。信夫がモデルの検証といった柔軟な発想をもっていたとしたら、この抑制要因の検討を介して、さらに興味ある分析に進むことが可能であったと思われる。

ところで、筆者はこの遠藤の指摘は妥当なものであったと考えるし、それ故に、当時の再軍備論の主流は、財界による軍需生産の拡大要求ではなく、保守党のナショナリズムの発露と解すべきであり、前述の保守党の基盤にあった政治文化こそがその原動力であったと考える。(9) このことは、再軍備要求が、基本的に（金のかからぬ）憲法改正をはじめとする制度改革の主張であり、保守党はいずれも防衛予算の拡大あるいは防衛産業予算の拡大にはむしろ消極的であったことからも、裏付けられる。事実、鳩山・岸内閣の逆コースの時代にも、日本の防衛予算、防衛産業予算のGNP比率は着実に低下していったのである。

むすび

ところで、遠藤は、経済の軍事化を否定しつつ、日本政治の軍国主義化を肯定している。それは、国際政治のレベルでは、講和後も日本がアメリカに従属しているとの認識からである。さらに、アメリカの対日援助・特需によって、日本資本主義がアメリカに従属・隷属したとの認識をも示している。第一節で述べた岡義武らの分析とは対照的な解釈であるが、残念ながら、解釈間の相互の比較検討はなされていない。異なったモデルを事実によって検証していこうとする姿勢が希薄なのである。そのため、同書の分析はまったく並列的なものにとどまっている。

このことは実は、同書の最大の弱点であって、同書は、総体として逆コースとはいったい何であったのかという問いに答えていないのである。これまで述べたように、同書では、逆コースが、(1)官僚の復権による官僚支配の強化、(2)保守政党の大衆動員に伴うイデオロギー的右傾化、(3)防衛産業界の過剰設備問題の解消のための再軍備要求等々幾つかの面をもつことを明らかにしている。それぞれの側面についての分析として貴重で興味深いものであるが、しかし、これらの要因が相互に増幅ないしは抑制しあう過程として複合的に検討されてはいない。しかも、それら個々の要因を明確に区別して分析するよりは、「支配層」という包括的レッテルでその非民主的姿勢を政治的に批判することに、より強い関心を示している。逆コース時代の総体的分析としては大きな限界をもつといわざるをえないのである。

(1) 実際には、天皇制の分析よりは、こうした欧米についての研究の方が人気が高かったことは、本書第Ⅰ部第二章の注(5)に引用した神島二郎の回想からも窺える。
(2) 坂本義和「冷戦状況の政治構造」『冷戦——岩波講座「現代」⑥』岩波書店・一九六三。
(3) 「ある自由主義者への手紙」『世界』一九五〇年九月。
(4) 同右。
(5) この点が、次章で検討する一九五〇年代の社会心理学者の主要テーマとなった。
(6) この点は、村松岐夫が力説しているところである(『戦後日本の官僚制』東洋経済新報社・一九八一)。
(7) より詳しい分析については、本書第Ⅱ部第三章で取り上げるドーアの研究参照。
(8) 本書第Ⅱ部第二章参照。
(9) 拙稿「日本における『軍産官複合体』形成の挫折」大嶽編『日本政治の争点』三一書房・一九八四、拙著『再軍備とナショナリズム』中央公論社・一九八八参照。

第二章　「旧意識」の社会心理学的実証分析
――「社会心理学研究会」の系譜――

戦後日本の「近代政治学」にとって「遅れた政治意識」こそは、啓蒙や改革の対象であるとともに主要な分析対象でもあった。これまで述べてきたように、丸山真男はそれを天皇制ファシズムを支えた思想ないし心理的要因として、辻清明は逆コースを支えた政治文化として指摘した。ただ、彼ら戦後第一世代の政治学者たちは、心理学のタームやモデルを使ったが、心理学の実証的方法を用いたわけではない。この問題関心を引き継ぎ、体系的手法を開発して、伝統的政治文化・心理の分析に実証的裏付けを与える仕事に取り組んだのは、第二世代の社会科学者であった。その一例として、本章では、城戸浩太郎、杉政孝、日高六郎、高橋徹、綿貫譲治らの社会学者による社会心理学的研究を取り上げたい。

一　社会意識の調査

高橋徹の回想によれば(1)、一九五〇年代前期、東大の大学院レベルの社会学研究者の間で、アメリカ社会心理学への関心が高まり、それがやがて一九五五年には「社会心理学研究会」というサークルの結成につながったが、彼らの間では、当時の『思想の科学』の「名人芸的手工業的方法の限界を突破」するために、社会現象を量的に把握し、統計的に処理する定量分析の手法を本格的に導入する必要が認識されてきた。ただ、当時にあっては、こうしたアメリカ社会科学に対してはその偏向や限界を強調する声が強く、行動科学的手法の導入にはかなり抵抗や警戒が強かったという。こうした中で、手探り的に統計学を学び、社会意識の測定技術を身につけた若手研究者たちが、「その切れ味を験してみたいという気持」にも動かされて、幾つかの意識調査を行った。その一つの成果が、城戸と杉の共同執筆になる「社会意識の構造――東京都における社会的成層と社会意識の調査研究（二）」（『社会学評論』一九五四）という論文である。

この研究がリチャード・センターズの *The Psychology of Social Classes : A Study of Class Consciousness*, Russell & Russell, 1949 に示唆、影響を受けたものであることは、著者自らが明らかにしている。センターズの研究は、政治的意見における保守・革新（「急進」）の態度が、主として（職業、収入などによって規定される）「社会階級」によって決定されていることを示そうとしたもので、彼はそれを一二〇〇人の白人成人男子に対する全国調査によって実証した。城戸・杉は、この研究方法にならって、東京都民成人男子から無作為層化抽出法により七〇〇人を選び、一九五二年八月に意識調査を実施した。標本数からいえば、センターズと比較しても、それほど遜色のない調査であったといってよい。（ただ都民調査に限定されているだけに、保守政治の基盤たる農村への分析が欠けており、この点は、農民の独自性を検討したセンターズと比べて視野が狭いし、「反動」の社会的基盤についての研究としては片面的である。）

調査方法は、戸別訪問による面接を行い、質問項目をゆっくり読み上げ、それに対する反応を、賛成・反対の段階に従って五段階に判定するもので、質問の作成にあたっては「A問での反応がB問での反応を制約することがないように言葉や配列に考慮を加え、また、質問が肯定的か否定的かによって反応が微妙に影響されるのを防ぐため、何問かの間隔をおいて、同一の問題にたいする肯定的意見と否定的意見をきくように項目を作製した」という。さらに、質問が同一次元の尺度を構成するかどうかについては、リッカートのアイテム・アナリシスを用いて検定するなどの処理をしている。今日では意識調査の常識であろうが、当時としては、欧米の水準に迫ろうとする画期的なものであった。

さて、城戸・杉は、一方で職業、年齢などのデモグラフィックなデータを、他方でイデオロギー的態度を測ってその相関を検討している。イデオロギー的な尺度としては、まず、センターズと同様、社会主義に対する態度によって保守・革新の軸を採用し、具体的には、ストライキ、生産管理、失業救済などについての賛否、米の自由販売や一般的な自由主義経済への態度、さらには再軍備などの争点についての態度を質問した。

さらに、城戸・杉は、以上のイデオロギー尺度に加えて、伝統・近代の文化的価値に関する尺度を考案し、両者で二次元の態度尺度を構成して、これらの尺度と社会階級との関連をとらえようと試みた。二次元にしたのは、（アメリカと違って）日本では、社会意識に、「単純な保守・進歩の尺度では明らかにしえない」二重構造があるとの判断からである。

いずれにせよ、この伝統・近代の価値尺度の採用が、近代政治学を含む戦後の近代主義の問題関心を反映したものであることは、いうまでもない。城戸・杉は、「目下台頭しつつあるファシズムの心理的基盤を解明する」という問題関心から出発しているが、その際、戦前のファシズムが「単なる伝統的イデオロギーの焼直しに過ぎなかった」との判断から、戦後においても残存する半封建的要素を重視し、それを検出することに大きな努力を払っている。ただ、彼らはそれに加えて、マスロウやアドルノらが指摘した「権威主義的傾向」の特性を組み合わせて、このファシズム的傾向を検出する質問項目を作成した。[2]（しかし、日本ファシズムに関する先の認識から、大衆社会の心理を摘出するような指標は加えられていない。）

こうして、具体的には、日本の伝統的価値の検出のためには、たとえば、

「講談や浪花節では『弱きを助け、強きをくじく』義侠心が男らしい態度だとされていますが、貴方はこれに賛成されますか、……」

「むかしはやかましくいわれた、親孝行とか、目上のものを尊敬する道徳が、戦後はすたれてきましたが、こういう日本古来の道徳を大いにもり立てて行かなければならない」

といった質問を、他方、より一般的な権威主義的傾向の検出のためには、

「現代の社会の混乱を救うには、強力な政治家があらわれて国民をひっぱって行かなければ駄目だ」

「人間は生まれつき能力にちがいがあるのだから、能力のあるものが能力のないものの上に立つの

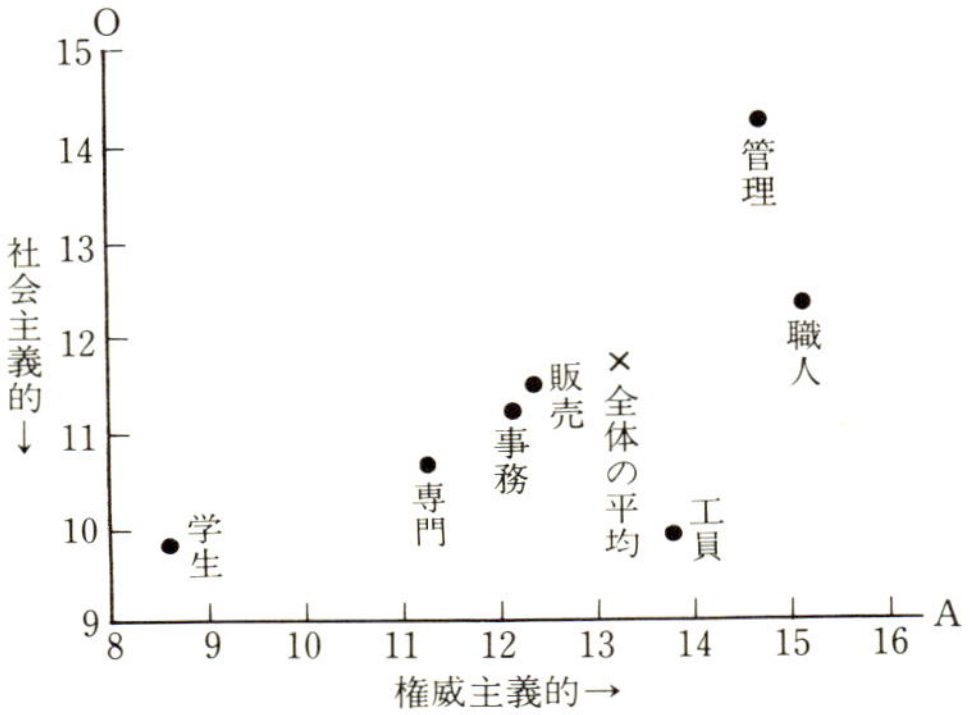

図７　A・O両スケールの平均値による各職業集団の位置づけ

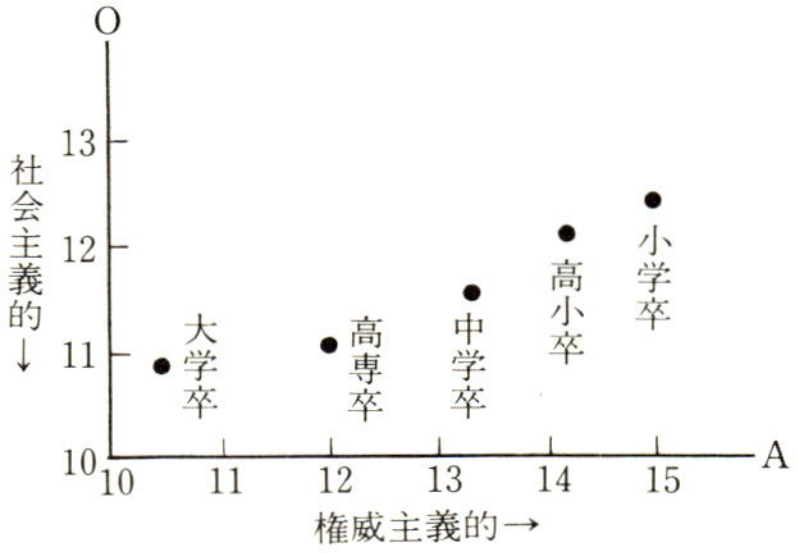

図８　学歴別のAとOの平均値

は当たり前である」

といった質問を採用した。（城戸・杉は、前者の「伝統的価値体系の〔後者の〕権威主義的構造への〔情緒的一貫性からくる〕心理的絡みつき」を指摘しているが、同一の次元として処理しているために、この両者間のダイナミックな関連の分析が欠落する結果となっている。）

さて、調査結果について見ると、経済的争点を軸とした保守・革新の尺度（Oスケール）では、センターズの場合とほぼ同様、管理職、ホワイト・カラー、専門職、工員・工業労働者（さらに学生）へと、社会階級を下がるにつれて、右から左へイデオロギー的な立場が変わることが示された。しかし同時に、予想どおり、伝統的文化の面では（Aスケール）、この尺度とは相対的に独立の態度分布が存在することが明らかにされた。すなわち、まず、工員、職人、管理職の三グループが、社会主義に対する態度において、著しい違いをみせながらも、伝統的文化＝権威主義尺度では、ほぼ共通の得点を示した。しかも、「職人」は、労働者階級に帰属意識を示しながらも、「小さい分散で等質的な権威主義的集団をつくり、〔管理職とともに〕社会主義的イデオロギーにも強い抵抗を示している」。他方、工員と学生（および専門職）とが、社会主義に対して共通の肯定的態度を示しながら、伝統的文化の面では著しい違いを示した（図7）。

さらに、社会主義への態度および権威主義的傾向が、学歴や年齢の差と強く相関していることが示された（図8、図9）。また、このデータにもとづく重相関回帰方程式は、権威主義的傾向と学歴、年齢と

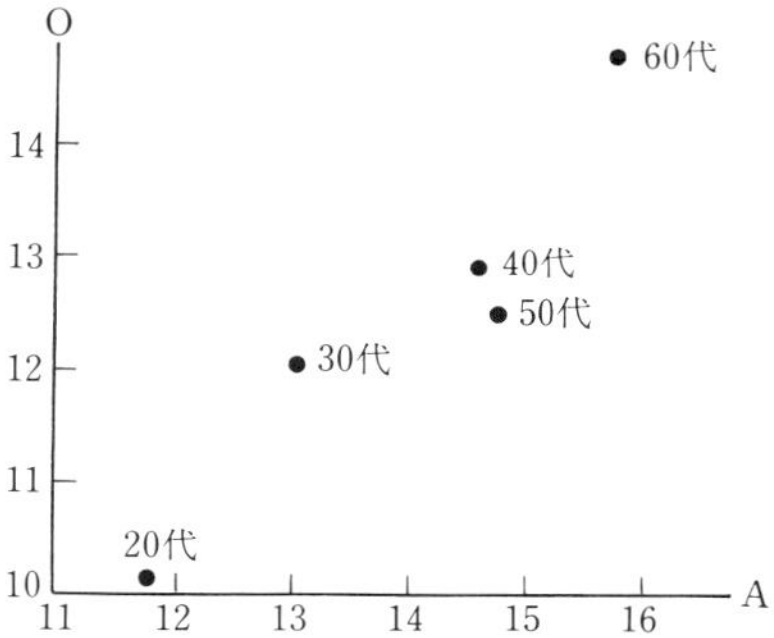

図9　年齢別のＡとＯの平均値

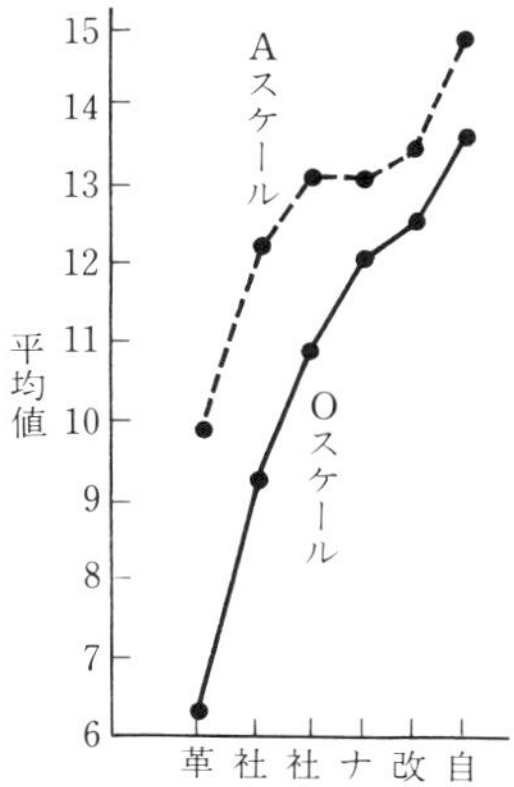

図10　Ａ・Ｏ両ケースの政党支持別平均値

の相関が職業との相関より強く、とりわけ学歴の差が権威主義的傾向の得点に対する寄与の割合が大きいことを明らかにした。なお、政党支持との関連では、右派社会党支持者が、反社会主義的および権威主義的傾向の双方において、保守主義者との間に違いがなく、逆に左派社会党支持者とは大きな距離をもつことが明らかにされている（図10）。

二　「文化政治」の析出

以上のように、伝統・近代の対立軸は保守・革新の対立軸とは独立に存在することが確認されたわけである。[3] ところが、この伝統・近代の尺度の重要性の認識はその後の研究の中で、さらに、伝統・近代の尺度こそが保守・革新の尺度の背後に存在し、それを規定するものとの位置づけを与えられていく。たとえば、川崎の鉄鋼労働者の調査にもとづく日高・高橋・城戸・綿貫の共同研究「労働者の政治意識」（『思想』一九五五年七月）においては、「階級意識を最も強く阻害しているものは、伝統的価値態度であるように見える」と指摘されている。さらに、城戸ら自身による前掲論文の要約では、この都民調査の結果は、「伝統的価値態度体系へ絡みついているものは、社会主義に強い反発を示す」と解釈されている。[4]

そして、この解釈をもっとも体系的に述べたのが、綿貫による『伝統』と『近代』の対立としての日本政治――一九六〇年代前半までのパターン」という論文であった。[5] 綿貫は、それまでのさまざまな調査結果を引照しつつ、日本においては西欧諸国と違って、「所得階層と政党支持との間に明確な相関関係が欠けている」のに対し、教育程度および年齢と政党選択の間には明確な相関がある（高学歴、若年層が左翼政党を支持する）ことを指摘し、その原因として、労働者の過半数を占める中小・零細企業労働者が伝統的価値観から自民党を支持し、ホワイト・カラーがその近代的価値観から保守党がもつ「伝統主義や反理知主義」に強い反発を抱いて社会党支持にまわったところにあると結論づけている。ここから、彼は、日本の政党支持基盤には、「文化政治」（cultural politics）が存在し、「経済的利害や身分的利害」以上に、文化や価値をめぐる対立が優位を占めているとし、この文化的分裂こそが、イデオロギー対立の原因となっていること、その結果、争点の一般化と激化とが生じて、「とりわけ、教育、治安や国内秩序、労働立法などに関連する争点において」それが著しくなったと解釈した。

綿貫による「文化政治」のこのモデルには、実は、城戸あるいは日高らの研究の重大な読み替えが認められる。すなわち、逆コース時代の反動政策を、「権力（者）」あるいは「体制」の側による伝統的価値の政治的動員としてではなく、社会的亀裂の政治的反映と見るという読み替えである[6]。前章の文脈でいえば、逆コースの背後の構造的要因として、何よりも日本社会の文化的亀裂を指摘する解釈である。（この文化的要因が、日高ほかの論文にいうように、遅れた資本主義としての日本の経済構造を反映したものであったかどうか、という論点を検証するためには、意識調査とは別のアプローチを必要とする。）

いずれにせよ、文化的要因の重要性を強調する以上のような解釈の登場は、（占領軍と急進的労働運動の対立を主軸とする）「第一次逆コース」の主要対立であった自由主義対社会主義の対立軸に代わって、（保守党内閣と左翼勢力の対立を主軸とする）鳩山・岸時代を頂点とする「第二次逆コース」においては、「半封建的」反動の存在が表面化し、伝統・近代の対立をめぐる争点が中心となったことを反映しているといってよい。このことは、再軍備と平和という土着ナショナリズムと市民運動の論理との対立をめぐる争点が前面に出ることによって、社会主義（経済）か自由主義（経済）かという経済的争点が後退してしまったことの反映でもある。

ところで、センターズの研究を振り返って考えてみると、彼も保守・革新の尺度とは別に、社会的争点、たとえば、黒人への態度や女性問題に関しては、別の尺度が存在することを明らかにしている。（こうした争点では、社会主義的な主張に関して革新的な意見をもつ労働者階級は、むしろ保守的である。[7]）センターズは、この論点をそれ以上追求していないが、おそらく社会的、文化的争点をめぐって、経済的争点とは独自の対立軸が存在することは、各国にかなり共通の現象であろう。（筆者自身は、これを伝統的保守主義と社会的自由主義との一般的対立と解釈している。[8]）それが、経済的政治的争点に圧倒的な影響を与えていたところに、当時の日本政治の特徴があったというべきであろう。この観点からすると、城戸・杉のようにあくまで二元的な尺度として分析したことの意義が改めて浮かび上がることになる。城戸らの論文を理論的な展開可能性を秘めた論文として筆者が高く評価するのはそのためでもある。

（1）　城戸浩太郎『社会意識の構造』新曜社・一九七〇への解説。なお、本章における城戸らの論文からの引用は、特に断らない限りは、同書に収録されたものによる。

（2）このファシズムへの関心という点では、城戸らは、アドルノの研究と関心を共有しており、質問票の作成などで大きな影響を受けているわけであるが、アドルノらがファシズム意識の原因を、家庭環境、幼時体験などに関わる個人的特性に見ようとしたのに対し、城戸らは、社会階層・階級との関連でとらえようと試みており、この点では、センターズの枠組みを基本としているということができる。

（3）トルーマンらのグループ理論（たとえば David B. Truman, *The Governmental Process*, Alfred A. Knopf, 1951）においては、こうした対立のクロス・カッティングは、対立の厳しさを緩和する作用を及ぼすとされる。日本の場合にそうした作用がまったくなかったかどうかは、検討に値する問題であろう。

（4）「イデオロギーとパーソナリティー」城戸・前掲書所収。

（5）元来は、"Patterns of Politics in Present-day Japan," in Seymour M. Lipset and Stein Rokkan eds., *Party Systems and Voter Alignments: Cross-National Perspectives*, The Free Press, 1967 という英語論文で、のち綿貫『日本政治の分析視角』中央公論社・一九七六に収録。

（6）この前提に、綿貫が、それまでの伝統主義文化の存在を、主として政党支持の問題としてとらえているという視点の転換が存在する。すなわち、ファシズムへの支持の問題ではなく、より一般的な保守革新の政党対立の基盤の探究として、問題を設定しているのである。

（7）例えば、リプセットによる working class authoritarianism の議論を参照のこと（Seymor M. Lipset, *Political Man: The Social Bases of Politics*, Doubleday, 1959.『政治のなかの人間』内山秀夫訳・創元新社・一九六三・第四章）。

（8）拙著『自由主義的改革の時代』中央公論社・一九九四・第一部第二章参照。

第三章　伝統的文化の背景をなす社会構造の分析

——ロナルド・ドーア——

前章で検討した「旧意識」の社会心理学的分析は、一九五〇年代前期の日本において戦前・戦中の伝統的政治文化がかなり広範に残存していることを明らかにし、それが政府の逆コース政策の背景をなしていることを示唆するものであった。ただ、方法的個人主義にもとづく意識調査によって、さらに踏み込んで、こうした政治文化とその背景をなす社会的経済的構造との関連を分析することは（不可能ではないにしても）困難である。この関連をより効果的に分析する一つの手法として、地域社会（あるいは「企業社会」）の全体構造を丸ごととらえる「社会調査」という方法がある。本章ではその代表例として、当時新進気鋭のイギリス人社会学者であったロナルド・ドーアによる二つの著作を取り上げたい。

一　都市の社会構造

最初に検討するのは、『都市の日本人』（青井和夫・塚本哲人訳・岩波書店・一九六二、原書は *City Life in Japan*, Routledge, 1958）(1)である。この研究は、著者自身も述べているように、方法的にはリンド夫妻による『ミドル・タウン』(*Middletown*, Harcourt, Brace & World, 1929) の流れをくむものであるが、リンドのこの研究は、元来未開社会を対象としてきた文化人類学のフィールド・リサーチの方法をアメリカ中西部の小都市の分析に適用したものである。ドーアは「現地語」たる日本語の巧みな「文化人類学者」として、東京の地域社会に定住し、人々の生活を直接観察することを通じて、一地域の社会構造をトータルに叙述し、分析したわけである。彼が対象として選んだのは、「中流の下の方」である「下山町」(仮名) という約三〇〇世帯からなる「近隣集団 (neighborhood)」で、調査は一九五一年三月から九月にかけて実施された。第三次吉田内閣の時代である。

ドーアは、一地域社会の詳細な分析の方法が、ケース・スタディという形を取らざるをえず、したがって、標本抽出の場合に比べて研究対象の「代表性」においてより深刻な問題を生ずることを認めたうえで、その欠陥を補うに足る利点について次のように述べる。すなわち、「まず第一に、関係者とパースナルな知り合いになり、かれらの生活の一般的背景を知ることによって、形式的な面接の結果を補充することができる。第二に、幅をひろげた標本調査では手がとどかないような一連の論題――たとえば、地域社会組織の型、友人関係と隣人関係、神社や仏閣の機能など――にも、研究の手がかりを与えてくれる」(二頁)。本書の文脈でいえば、(1)政治意識と社会・経済的背景との構造的連関をとらえることができ、しかもその連関を(2)トータルな生活構造の中に位置づけることができる、という利点であるといってよい。(実は、この点は、「社会調査」に限らず、政治学において政策決定分析の分野で現在広く採用されているイシュー・アプローチなど、ケース・スタディ一般に共通する利点である。)

ドーアはこうした一種の「参与観察」以外にも、日本人の生活に関する広範な文献に目を通し、さらに、自由回答質問を中心とするアンケート調査を実施し、自らの直接的観察を裏付ける努力をしているが、方法的にユニークでかつ興味ある分析結果をもたらしているのは、何といっても、こうした直接の観察にもとづく記述、分析である。政治学者の目からは、この参与観察にもとづいて町内会などの地域の「権力構造」を叙述した第一一章が、特に興味ある部分である。(2) そこで以下では、これまでに検討した伝統的意識の残存が、いかなる社会基盤をもち、いかなる機能を果たしているかという観点から、ドーアの分析をこの第一一章を中心に検討したい。

ドーアは、「政治的態度」と題された第九章において、政治に関連する伝統的文化として、まず雇用関係における温情主義を挙げる。下山町に見られる雇用関係の多くは、「個人的性格を持ち、情愛的、かつ無限定的な人間関係であり、全人格的」、「家族的雰囲気をもつ」（一七二、一七四頁）。面接した「これら従業員のうちのいく人かが自分の会社の家族的雰囲気を語ったとき、かれらの感謝の念のなかには純粋なものがあった。しかし〔組合を作ろうとした〕三〇名の従業員を解雇して組合結成を出しぬいた人物はもはや温情主義的な雇主ではない」。ここでは雇用関係は、「露骨でより不安定な権威主義」に変化している（一七四〜一七五頁）。こうした温情的および（露骨な）権威主義的雇用関係が、権威主義的政治体制を支える政治的含意をもつことはいうまでもない。

他方、政治的態度についての質問からも、「戦前の体制を可能ならしめた基本的な政治的態度のいくつかが、それほど変わっていない」ことが明らかにされた。たとえば、一〇二名に対する「つぎの四つ

のうちで今の日本に一番必要なことはどれでしょう。二つだけ選んでください」という質問に対しては、

	(男)	(女)
国民の精神的統一	三九	四五
個人の自由の確立	二三	一四
強力な指導者	二四	三二
ボス勢力の打破	一四	一一

という回答が得られた（一八七頁）。ただ、天皇と国家という二つのシンボルは、既にその力を失っており（一八七～一九一頁）、これを復活させることは容易ではなかろうというのが、ドーアの判断である。

以上の伝統的政治文化が、地域社会における政治支配において、いかなる機能をもつかが、下山町の町内会を軸に、第一一章で検討される。まず戦時中、町内会が戦争遂行と全体主義支配に極めて重要でかつ効果的な役割を果したことが素描され、占領軍による解散をへて、やがて一九四八年に日赤奉仕団委員会支部として復活し、ついで町内会という名称も復活、一九五一年には回覧板も復活したことが、叙述される。

この町内会の運営は、伝統的文化を濃厚に示している。すなわち、「幹部としての地位それ自体が町内ではある程度の威信をもっていた。……かれらは町内の『有力者』または『顔役』とよばれる。かれらのなかには、あきらかに、会合をあやつることに喜びを感じているものもいた。そのうちのひとりが、いかにも誇らしげに、社会組織の運営技術として町内会のもつ意義を説明してくれた。ひとつの決定が

有力者によってなされると、かれらはそれを隣組長に伝達し、隣組長が各世帯に通知する。そうするとただちに町内が『一本になる』というのだ。(その証拠に、私がひとたび有力者の諒解をえてから調査にかかると、お蔭で面接を拒否するものが非常に少なかったのである)」(二二七頁)。また、「私が出席した五回の〔町内会〕幹部の会合のうち、投票などということが問題になったことは一度も」なかった(同)。

しかし、重要なのは、戦前・戦中とは違って、こうした有力者の地位は、それに伴う社会的威信を別とすれば、町内会(およびそれに付随する防犯協会、防火協会などの近隣組織)における参与の権利あるいは影響力を与えるのみであり、しかも、それらの近隣組織が住民の生活のうち、ごく一部の社会活動領域をカバーしているにすぎないという事実である。言い換えると、有力者の地位は、地域における住民に対する政治的、社会的、経済的支配によって生み出されたものでもなければ、その源泉となるものでもない。

有力者の地位がもたらすのは、主として、「人の知らない町内事務の秘密を自分が知るという満足感、町内の祭りには御酒所の裏の小さな部屋に入る資格のある少数の選ばれたひととしての満足感、そこで御酒をチビリチビリやりながら、町内の人が楽しんでいるのを鷹揚に見物する満足感」(二二六頁)といったものである。また、防犯協会役員の地位が警察の取締りの際の寛大な処置をもたらすかもしれないといった些細なこと以外は、有力者の地位は経済的報酬を生むものでもない。それどころか、こうした地位につこうと思えば、多目の寄付など「ある程度の金銭的負担を覚悟していなければならぬ」(二二七頁）。[3]

他方、戦前の農村に一般的であったように、有力者が住民に直接的な経済権力をもっていたような場合や、戦時中のように、町内会が行政権力の末端に組み入れられていた場合には、町内会の決定に対しては、「協力つまり服従」を余儀なくされたのであるが、戦後の下山町では、「かかる〔伝統的〕指導法に反旗をひるがえそうとするひとは少なかったが、しかし、被指導者の地位にあまんずるひとも多くはなかった。『有力者』という魅力あるサークルに入れてもらえないひとびとは、ふつう町内会そのものとの接触をもさけている」（二二九頁）。言い換えると、住民にとって、有力者による支配は回避できるものであり、町内会の活動も無視しうるほどの重要性しかもたないものとなっている。さらにいえば、彼ら有力者は、やがて地域の世話役として登場してくる（住民の支持に決定的に依存する）地方政治家の原型をなす。

そのうえ、町内会の運営についても、権威主義的な指導は、「新時代の新しい風潮」たる民主主義の原理に譲歩しつつあった（二三二頁）。ドーアは、こうした変化は、日本社会の工業化・都市化の不可避的な結果であると見ており、町内会の復活を「以前の全体主義的体制への復帰」として批判する当時の論壇の懸念には懐疑的である（二三三頁）。ここには、実態調査をすることなく、観念的に、シンボル上の共通性から直ちに戦前の体制との連続性を即断する日本の知識人への批判が内在されている。「日本のインテリがあまりにも家族における封建遺制の駆逐に忙しく、現在の都市家族それ自体の問題に目を向けない」（三四四頁）という指摘はそうした含意をもつ。

以上のように、ドーアは、伝統的・権威主義的政治文化は、時代に適合しなくなった単なる過去の残存であり、既に無害なものになっているばかりか、時間の経過とともに消滅するものとみなしている。その前提には、占領軍による「戦後の諸制度の変革はむしろ一世紀の工業化・都市化の当然な到達点であり、その変革が戦後まで引きのばされたのは、昭和の軍事的反動がいわば人工的にそうした『自然な』なりゆきを止め、社会の底辺にあった流れをせきとどめたからに過ぎないという見方」（三四三頁）がある。

ただ、後の近代化論者とは違って、ドーアは将来の日本について、まったくの楽観論者ではなかった。伝統的文化の解体が、必ずしも「信念としての『個人主義』」（三〇八頁）、「個人の主体性」（三四五頁）の確立へと導くとは予想しておらず、かつ、日本文化への批判的見解を日本の（近代主義）知識人と共有していたからである。[4] 彼は、戦後日本における伝統的文化の解体を、新しい集団主義の登場としてとらえていた。その典型は、家族関係の調査にもとづく以下の指摘に見られる。世代を超えた「超越的な家の重要さが減少したにもかかわらず、いまなお、個人の特性はその個人の帰属する世帯のなかに深く埋没していることがある……。いまでも個人間の交渉は主として世帯間の交渉とみることができるし、恩顧に対する責務や意見、社会的地位、宗教帰属、政見も個人に所属せずに家族集団に所属しているばあいがある。『集合体中心的志向』（collectivity-orientation）という態度も、新しい形でなお存続することができる」（一一三頁）。その一例は、「多くの親は、今日もなお、ある程度まで子供の結婚を統制したいと望んでいる。だが、それは、子供のために必要だと考えているのであって、『家』のためにしようとは思っていない」（九八〜九九頁）といった態度であろう。ここでは、「家長に対する個人的服従」ではなく、「家との同一化」が問題となっているのである。[5] ただ、注意を要するのは、この集団主義における「集団」は、核家族であって、近隣社会ではない、という点であり、政治との関連は、極めて間接的であるという点である。

権威主義を払拭し、建て前としては平等を基礎としたこうした新たな集団主義にも、反権威主義の要素は欠落しており、ファシズム運動や権威主義体制の積極的支持を生み出すことはないにしても、それに「体を張って」抵抗する態度を支えるものではない。それ故に、ドーア自身懸念を抱かざるをえなかったのであろう。

しかし、ドーアは、「あたりまえ」の生きた日本人の意識をそのままとらえようとしたという意味で、民族学的ないしは民俗学的であり、こうした知識人的論評はむしろ例外的である。特に後の大衆社会論のような「孤立し焦慮に満ちたマス」といった抽象的（知識人的）大衆イメージとは無縁であった。この点は高く評価されようが、少なくとも同書においては、（氏神・神道という国家宗教の問題を別とすれば）地域を超えたマクロな政治体制との関連をとらえていないという（民俗学に通じる）難点がある。ただ、この点は、少なくとも国政との関連でいえば、次作の農村研究では克服されており、その検討を次に試みたい。

二 農村の社会構造

ドーアの第二の著作とは、『日本の農地改革』（並木正吉他訳・岩波書店・一九六五、原書は、*Land Reform in Japan*, Oxford University Press, 1959）である。

方法的にみて、この著作は、前著とほぼ同様の調査方法に基礎をおいている。その実態調査が行われたのは、前著から数年後の一九五五～五六年で、数ヵ月を三つの（それぞれ異なるタイプの）農村で過ごしつつ実施された。親しく農民と日常生活を共にしながら行った観察をもとにしているわけである。当時は鳩山内閣の時代であり、われわれの関心からいえば、（農地改革それ自体の研究としてよりも）逆コース時代の保守政治を中核的に支えた当時の農村の実態調査としての意義を有する。

同書では、前著と同様、質問票によるアンケート調査と、二次的資料にもとづく研究とが、このフィールド・リサーチに組み合わされている。質問票による調査は、六つの村で、六二八人の農家の世帯主を対象として、実施された。しかし、この調査は、方法的にかなり問題がある。質問が多すぎるのと、（ドーア自身も認めているように）いくつかの質問は難しすぎ、しかも集団的に実施されている。その結果、ガットマンの尺度の標準に達していない。ドーア自身、農民の意見・態度を「大づかみに測定している」にすぎないと自己評価している。[6] ここでの数字にあまり大きな意味を与えることはできない。

同書にはさらに、二次的研究にもとづく農業経済、農村社会、国政との関連などについてのマクロな研究が組み合わされている。[7] 全体の叙述の分量からいえば、この部分の記述の方が多い。文化人類学的側面は、『都市の日本人』と較べて薄められているといえよう。しかし、日本の農村を総体的にとらえようとする意図からは、当然の結果であるし、また、その狙いは成功していると評価しうる。その後の（たとえば、農村の生産性についての計量分析や農地改革の決定過程など）個別分野での研究の進展は目ざましく、出版から三〇年経った今では時代遅れともいえるが、経済、社会、政治構造とそれを支える価値観、イデオロギーなどの観点から農地改革前後の日本の農村の全体像を与えてくれる著作として は、類書がほとんど皆無で、未だ第一級の研究としての地位を失わない。(8)

しかし何といっても、ドーアの著作をユニークなものにしているのは、前著と同様、フィールド・リサーチから得られた研究結果であろう。こうしたケース・スタディは一般に、肌で感じる現場感覚とでもいうべきものを研究者に与えてくれるという利点がある。（叙述においても同様で、読者に臨場感を与える最善の方法である。）文化人類学的なフィールド・リサーチは、個々の具体的な存在としての農民の生活や意見を直接見聞きするだけに、その利点は他のケース・スタディの手法以上に大きい。観念的な評価の危険を避け、リアリスティックな判断を得るためには最適の手段である。（むろんそのためには、巧みなアクセス能力と鋭い観察力という独特の能力が不可欠であるが、ドーアがこの二点で卓越したフィールド・リサーチャーであることは、彼の研究成果が見事に証明している。）そして、これを補完する体系的な調査は、ケースの代表性を検証する手段であるとともに、ケースの検討を通じて直感的に得られた知見を確認するという作業となっている。

ドーアのこの文化人類学的アプローチは、自らが生まれ育ってきたのとはまったく異なる文化・社会を内在的に理解しようとすることに腐心することを要請する。丸山や川島など日本の近代主義者が、対象たる日本社会との距離を意識的にとり、それを批判することに専心したのとはまったく対照的に、ドーアは近代西欧文化が与える偏見を克服し、対象を同情と共感をもって観察することを求められ、それを実行したのである。丸山の言葉を使えば、より徹底した「禁欲」を求められたといってよい。パーソナリティの点で根っからの「近代主義者」たるドーアが、日本文化、なかんずくその集団主義的側面を再評価し、その危険を警告する論者を批判する役割を担ったのはそのためでもあろう。そしてまた、当時は、農地改革に対する否定的な評価が根強く、少なからぬ日本の学者が「地主制の再興」の兆しを指摘する状況であったが、ドーアは、農地改革に農村の民主化に及ぼした大きな積極的意義を与えた最初の研究者の一人となったのである。偏見なき観察の勝利であったことは、今となっては誰の目にも明らかである。もっとも、先にも述べたように、ドーアは後の近代化論者とは違って、全面的な日本文化の肯定論者にはならなかった。文化の機能を客観的に考察する以前にそれを内在的に理解しようと試みたことの、西欧的価値観をもつ研究者としての当然の「限界」であろう。

さて、本章では、ドーアの多面的な農村研究のごく限られた論点を検討するにすぎないが、まず、農地改革後の農民のイデオロギーを扱った第一五、一六章を見よう。

ドーアは、「戦前の体制を支える固い基盤となっていた」イデオロギーは、三つの要素からなっていたとする。すなわち、(1)権威への従順さ（submissiveness）、(2)集団への個の埋没と和の強調（「一体主義」holism）、(3)天皇を中核とする右翼ナショナリズム、の三つである（三三五頁）[9]。そして、彼の調査が示すところでは、こうした戦前のイデオロギーは、戦後の農村においては「一つのまとまった体系としては崩れているが、その崩れ方はまだ部分的で凸凹がある」という。もっとも深刻な打撃を受けたのは、農村社会の身分秩序を支えていた(1)の権威主義の要素である（三四二〜三四三頁）。

権威主義は、農村の日常生活では、何よりも（農民の大部分を占めた）小作の地主への恭順さとして実体化されていた。小作は召使いと明瞭に区別されず、「地主が軽くうなずいているのに対し頭をこすりつけるほど下げ、また地主が居間の真中の火鉢の傍に座って遠くから指図するのに対し、その間、膝をくずさず座ったままだった」（一五頁）。したがって、地主の権威を支えていた経済的地位が農地改革によって解体し、農村に経済的平等がもたらされたとき、深刻な動揺を受けたのは当然であろう。しかしドーアは、農地改革以前に、この権威主義は「より根本的な長期的な傾向」（三四一頁）、すなわち、（後の用語でいえば）近代化に伴う「平等主義」（三一〇頁）の台頭——たとえば、地主と小作とが小学校で六年間を同席し、能力主義によって評価されるといった制度（一五頁）——によって重大な挑戦を受けていたと考える。多くの小作の卑屈さや恭順さは、（ドーアが時として出会った老婆が示したような）「心の底からにじみ出る」といったものではなく、「地主に対する恐怖か、あるいは利益を意識的に計算した」外面的なものであり、「経済的依存という残酷な現実に条件づけられてのこと」であった、と見るのである（三一四頁）。恭順な態度をとることが、「本当に落ちぶれた気分」をもたらしていたのはそのためである。戦前・戦中に既に、平等主義と現実の不平等との間に激しい緊張が存在していたのであって、農地改革はそれを清算したというわけである。

この解釈によれば、戦前の農民が示した権威主義は、（心理学的に解釈されるべき）伝統的政治文化の所産であるというよりは、特定の権力状況におかれた個人の自己保存のための合理的な対応であったとみなされることになる。事実、農地改革とともに短期間に権威主義が後退したことは、この政治文化には独自の持続力がなく、心理的には根深いものでなかったことを証明しているといえよう。また、この解釈によってはじめて、権威主義からは理解不能の、農民における政府（「当局」）への懐疑的態度や不信感が理解されることになる（一一八、四一八頁）。伝統的政治文化に対する近代主義者の解釈とは対照的なものであり、後の若い世代の法社会学者によってなされた近代主義批判の先駆けをなすものである。

ただ、習慣化した無自覚の恭順さと、功利的理由によって表明される自覚的な恭順の態度とを、調査上、どのように区別、判定するかという方法論上の問題が存在する。残念ながら、ドーアはこの問題を議論していない。それどころか、農地改革への抵抗が少なかった理由の一つに、戦前・戦中以来、政府に対して地主が抱いていた権威主義を挙げている（一一二、一三七頁）。興味深い指摘ではあるが、近代主義者がしばしばエリートの行為の理解には利益追求の合理主義を用い、大衆の行為の理解には非合理な心理的説明を適応するダブル・スタンダードと（逆ではあるが）パラレルな関係にあって、（それだけで誤っていることにはならないが）方法的には一貫性を欠く。

ところで、権威主義が大きく後退したのに対し、集団への個の埋没、すなわち、「一体主義」あるいは集団主義の方は、ほとんど変化がない、それどころか、農地改革がもたらした地位の平等によってむしろ強化されたというのが、ドーアの判断である。「農地改革の影響はむしろ部落の連帯を強化するにあったといえる。二等市民の数は減少し、個人の部落への帰一意識を積極的に深め、個人をして部落の共同体的強制をいっそう進んで受け入れるようにしたのは農地改革であった」(三二八〜三二九頁)。そして、この連帯意識が、「家族計画運動」の推進に大きな効果を発揮したのを見て、ドーアは、「日本の現代の論者たちが、封建遺制の一つとして、日本社会発展の後進性のしるしであるとして非難する『部落の共同体意識』が、果たして評されるように悪いものであるかどうか、考えさせられざるを得ない」(三二九頁)と結んでいる。この日本人の共同体意識が、企業においては会社主義として高度成長に貢献し、さらに現在、農村に逆輸入されて「むらおこし」の原動力となっているのを見ると、ドーアの先見性を改めて評価せずにはいられない。

しかし、この共同体意識が農村においてはその経済発展に直接結びつかなかったことから示唆されているように、少なくとも戦後の農村においては、共同体意識を相殺する文化、すなわち、(妬み、そねみといった形をとって現れる)共同活動を阻害する個人主義的な政治文化――トクヴィルがフランス農民に、バンフィールドが南部イタリアの農民[10]に見出した政治文化――が並存していたのではないか、と考えられる。

強い平等主義が支配している集団にあっては、隣人から抜きんでて利益や地位を得るものに対しては、「足を引っ張る」作用が強力に働く。各個人は、一方で他人の足を引っ張るし、他方で、他人の妬みをかわないよう細心の注意をはらわねばならない。権威主義的な状況とは違って特定の個人が支配力を独占しているわけではなく、分散されてはいるが、この状況が一つの「権力状況」を構成していることには変わりがない。したがって、個人にとっては、この集団による規制(social control)に、少なくとも表面的に従っていることを見せることが、合理的な選択となる。ここでは集団への「埋没」の背後に、(かつて地主への恭順がそうであったと同様の)個人的な打算が隠されているのである。この社会的規制は、共同体へのアイデンティティの産物であるよりは、妬み、そねみという形をとった(トクヴィルのいう)狭い「個人主義」の産物である。

しかも、こうした「足の引っ張り合い」の存在にもかかわらず、他人に抜きんでたい、あるいは少なくとも他人に遅れをとりたくないという強い競争意識が(少なくとも戦後の)農村には存在した。というより、こうした強い競争意識こそが、足を引っ張る原動力となり、和を強調するイデオロギーが、この競争意識が過度になることを抑制する機能を担っていたと考えられる。(日本の会社主義も、集団主義の背後に、協調的なイデオロギーとはまったく別の、激しい個人間競争をはらんでいると見るべきであろう。)しかしながら、農村に資本主義的市場経済が浸透し、絶えざる工夫とリスク・テイキングを通じて農家経営を革新していくことが可能になったとき[11]、こうした競争に向けた個人主義的イニシアティヴたる「企業家意識」は、(個人消費を中心とする「消費社会」の浸透によって「祭り」のような集団的な楽しみが後退したことと並んで)個人主義を一層強化したと考えられる。農協も、既にドーアが観察した時期から、「個人商店より有利な限りにおいて」利用されているにすぎなかったという(二三八頁)[12]。そして、農業経営の革新は、集団的な農業の方向にではなく、「田植えへの手伝い」の慣習のような共同作業の衰退に見られるように、その破壊の方向に向かったのである[13]。ドーアの時代に、純粋な、

「心の底からにじみ出る」ような「部落」へのアイデンティティ（「むらのため」という気持ち）が依然として強く存在していたとしても、[14]急速に失われていったのではあるまいか。（それが擬似社会主義的な「共同体意識」の存在にもかかわらず、左翼政党が農村での支持を拡大できなかった原因の一つではなかったか。）この点は、後に松下圭一が、「むら」における「共同体（的市民）意識の欠如」として、日本社会批判を展開した根拠となったものである。[15]

ドーアは日本の農村の集団主義を過大に評価していたのではないか、あるいは少なくともその背後にある「個人主義的」要素を見落としていたのではないか、と筆者が考えるのは以上のような理由による。ただ、ドーアは、こうした農村における「個人主義的」傾向が顕在化すれば、『都市の日本人』で述べた次のような批判を表明したにちがいない。「伝統的な行動様式の底にも個人化の過程は進みうるのであり、パースナルな人間関係も手段化されうる。つまり、そのような関係は私的目的を達するためのたんなる手段にすぎないもので、その目的に奉仕する限りにおいて維持され、以前のように自我の放棄を意味するものではなくなる――内面的な個人化が服従という外形をまとっているにすぎない。だが、かような個人化の過程は不完全で矮小化せられたものである。いったん道徳的な義理観念にささえられなくなると、道徳的無政府状態にみちびか〔れ〕ざるをえない。信念としての『個人主義』に支えられてもおらず、それを正当化するはっきりした倫理ももっていないので、ある個人の利己心と他の個人の利己心を調節するための、個人化せられた社会に欠くことのできない内部統制のメカニズムをうみ出すことができない。だからその論理的帰結として、……仮借のないゴマカシとなったり、行政の腐敗となったり……するのである」（三〇八頁）。丸山真男を想起させるような日本文化批判である。

さて、最後にドーアが伝統的文化の第三の要素として指摘したナショナリズムに検討を加えよう。彼の調査は、戦前型のナショナリズムが、後退したとはいえ、依然として存続していることを示している。たとえば、先の質問票による調査によれば「いぜんとして八〇％以上が、日本はアジアの指導者になるべきであり、また、学校で子供たちに正しい意味での愛国心をもたせるような教育に、もっと力を入れるべきだという意見に賛成している」。「再軍備に賛成し、この前の戦争の目的を肯定」するものは、五〇％前後である（三四三頁）。しかし、先のような権威主義を欠く背景では、これらのナショナリスティックな主張も、政治的な力とはなりえない、というのがドーアの判断である。すなわち、「今日の保守政治を統一し、その思想の核心となっているものは、戦前の政治的な秩序（天皇制や軍部の支配）に対するノスタルジアというよりはむしろ戦前の社会秩序……へのノスタルジアであるといえよう」（三五六頁）と結論づけているのである。そして、ドーアは、この伝統的社会へのノスタルジアの中核をなしているのは、伝統的家族における権威主義であると見る。「戦後の若いものは、むかしなら軍隊で受けたような精神訓練が欠けているため堕落している。学校の教育課程から修身がなくなったので子供たちは行儀が悪くなり、そればかりか親に孝養をつくすという観念が全然ない」（三五五頁）。

注意すべきは、ここでノスタルジアの対象となっているのは、家族における権威的関係であって、それを越える集団の権威ではない、という点である。（都市においても事情は同様であったことは既に述べた。）若者たちが、地主制度の復活にも、（解体しつつある）伝統的家族制度の再建にも強い反発を示したことはむろんであるが、家族制度へのノスタルジアを抱く老人たちも、地主制度の復活や身分制度の復活には強い反発を示すであろう。事実、旧地主による運動が、ほとんど何の成果も生まなかったことは、ドーアによる検討からも明らかである（三七三〜三八四頁）。戦後に確立した民主政治の制度は、こうした動きを挫折させるに十分な力を発揮したのである。かくしてこのノスタルジアは、戦前の政治・経済制度を復活させる政治勢力を構成するには役立たず、戦後の農村には、より権威主義的な政治体制を復活させる社会経済的基盤も欠けていたというのが、彼の結論となっているのである。保守党は再軍備を争点の中心においてこのノスタルジアを喚起し、それを集票の手段として最大限に活用したし（三五一、三五五〜三五六頁）、保守政党の中には、戦前の政治・経済体制を復活したいと望む、より危険な傾向があったにもかかわらず（三七三頁）、である。「逆コース」の危険が知識人の共通の認識であった当時の状況を考えると極めて大胆な指摘であるが、その後の展開を知っているわれわれからみれば説得力ある議論であるといえよう。

当時の右傾化を抑制したさらに大きな原因は、ドーアも指摘しているように、伝統的なパーソナル・ネットワーク、それを後援会組織として恒常化していくための政治資金のネットワーク、さらに、補助金獲得に向けた政治家と有権者の、また政治家相互のネットワークなど複合的なネットワークの形成によって、イデオロギーとは別の次元で集票が可能であり、かつその要素が、経済成長と財政の余裕とによって強化されていったことによる（三五八〜三六一頁）。そして、それは、「封建的なもの」を基礎としたパーソナル・ネットワークから、「計算ずくの契約関係」へと、ネットワークの質が変質し（三六二頁)、それが農村の政治文化の変容を加速させていったと見られるのである。こうした点については、当時、新進気鋭の政治学者升味準之輔が分析を加えている。(16)

(1)　この訳書は、日本の読者には不必要な原書の三分の一を削除している。本書では、引用はもっぱらこの翻訳によった。

(2)　率直にいうと、質問調査や文献にもとづいて家族、結婚、宗教など日本人の価値意識や生活習慣を叙述したそれ以外の部分は、(少なくともわれわれの世代の) 日本人にとっては、常識的な記述が多く、読み進むのに苦労する。

(3)　ドーアは、次に紹介する農村の研究でも、そこでの政治的役職に関して同様の結論に達している (二八二頁)。もっとも、農村では、選挙は村落対抗のゲームのような、あるいは祭りのようなものとして、農民の多くにとって都市の住民と較べて遙かに強い関心の的となっているのであるが。

(4)　後年ドーアは、日本とイギリスの企業を比較した著作 (*British Factory-Japanese Factory*, George Allen & Unwin, 1973. 山之内靖・永易浩一訳『イギリスの工場・日本の工場』筑摩書房・一九八七) の中で、日本企業の効率性を賞賛しながらも、「独立の精神と恣意的な権力者への反抗精神」を育むという点でイギリスの工場制度を評価している (邦訳三〇七頁)。

(5)　この区別は、既に触れた、川島武宜による伝統的家族の二類型、ないしは二要素に対応している。

(6)　農民に対するアンケート調査は、労働者以上に困難が伴うのではないか、と想像される。前述の城戸らの調査が労働者、ホワイト・カラーという都市層に限定されていたことはおそらく偶然ではあるまい。選挙調査においても同様の問題が生じていることは次章で述べるとおりである。

(7)　政治学者としては、主として新聞報道をもとにした、地主補償をめぐる政治過程の分析 (三七四〜三八四頁) を、イシュー・アプローチによる分析の先駆的業績として評価したいところである。ちなみに、同じ争点を、後に福井治弘が日本の政策決定過程のケースの一つとして分析し、日本政治研究の画期的業績とした

『自民党と政策決定』福村出版・一九六九)。

(8) ただし、家族内部の関係、特に女性の地位に関する分析が欠けている。農村社会において、研究者が女性に直接アクセスすることの難しさという方法的問題があったのかもしれない。ちなみに『都市の日本人』では、この問題を検討した章がある。

(9) ここでも、『都市の日本人』の場合と同様、(1)と(2)の区別が、川島による日本の伝統的家族の二類型に対応していることに注意。ただし、『日本の農地改革』では、その区別が、主として、個人と(家族を越えた)農村の近隣社会との関係についての分析枠組みで用いられている。

(10) Edward C. Banfield, *Moral Basis of a Backward Society*, Free Press, 1958. ちなみに、バンフィールドのこの研究は、方法的にドーアとの共通点が多い文化人類学的研究で、政治文化研究の古典でもある。そして、バンフィールド自身によってその後のアメリカの都市政治における政治文化の研究に継承されていった。

(11) ドーアは、農地改革が農民に積極的な農家経営の革新への意欲をもたらしたとして、具体的な例を挙げている(二二一〜二二七頁)。ここにみられるのは、中小企業経営者的な entrepreneur のメンタリティである。

(12) ドーアは、田植えについて次のように記している。「ある人の語るところによると、多勢でやると祭の気分が出て、実際には同じ仕事でも、一二人で三反植える方が四人で一反植えるよりも早く済むような気がするのだそうだ。手伝いの労力にむくいるために開かれる宴会は、農家の負担にはなるにしても、よぶ方にもよばれる方にも楽しみの一つになっている」(三〇六頁)。

(13) 現在、農村では依然として他人の干渉が多く、プライヴァシーも欠けているが、職業としては農業、特に専業農家はむしろ孤独な仕事である。若い後継者がうまれないのは、一つにはそのためである。昨今の「むらおこし」、「地域おこし」は、祭り的エネルギーによって、共同体意識を再生し、この事態を克服しようとする試みである(地域活性化政策研究会『ムラに生きる・まちに生きる』径書房・一九九一、高橋正郎『地域農業の組織革新』農山漁村文化協会・一九八七参照)。元来、農村的集団主義を取り入れたといわれる「会社主義」の農村への再輸入の現象であるといってよい。

(14) ドーアは、「日本人の財産観念はたいして強くないようである」(三五一頁)と述べているが、土地政策や都市計画をめぐる後の展開が明らかにしているように、土地に関する限り誤った判断であったといわざるをえない(藤田宙靖『西ドイツの土地法と日本の土地法』創文社・一九八八、拙著『自由主義的改革の時代』中央公論社・一九九四・第二部第八章参照)。

(15) たとえば、松下『都市政策を考える』岩波書店・一九七一を見よ。

(16) 升味「政治過程の変貌」(岡義武編『現代日本の政治過程』岩波書店・一九五八・第三部第一章)。

第四章　選挙研究による「意識調査」
——蠟山グループ（「選挙実態調査会」）——

本章では、戦後における選挙調査の先駆的業績で、一九四九年一月の総選挙を分析した蠟山政道編『政治意識の解剖』（朝日新聞社・一九四九）[1]と、続く一九五二年一〇月の総選挙を分析した同『総選挙の実態』（岩波書店・一九五五）[2]を、逆コース時代の政治の分析という観点から取り上げたい。

一　一九四九年総選挙の分析

『政治意識の解剖』では、冒頭で研究意図が次のように述べられている。「従来我国において、総選挙に関する調査といえば、その多くは事後調査であって、しかも、全国的規模において、その投票状況、党派別及び当選者別得票数、立候補者年令及び職業別調査等について為されてきたが、これでは、総選挙の外形的な一般的結果を知りうるだけである。総選挙が実際に行われる状況、各党候補者の立候補の経緯や運動方法、選挙民が総選挙に対して有する政治意識の主観的並びに客観的条件、その投票の行方を決する要因等についてはこれを知ることはできない。これには、個々の選挙区について実態調査を行う以外に方法はない」（九頁）。この一文からも選挙の実態調査というはじめての試みへの意気込みが窺われるが、選挙自体も新憲法下の初の総選挙とあって一種の熱気があり、選挙調査も当時の「民主化」の情熱を反映し、「仕事が進むにつれてますます熱意も高まり、終始緊張した調査活動が行われた」（一～二頁）という。

ともあれ、先の問題関心から、一九四八年一〇月、選挙実態調査会が組織され、朝日新聞社の援助を得て、実態調査が準備、開始された。調査会委員には、蠟山の他、鵜飼信成、辻清明、川原次吉郎、中村菊男が就任した。実際の調査は、東京大学、中央大学、慶応大学の助手、特別研究生、大学院生を中心に、学部学生延べ四〇〇人近くの協力を得て行われた。助手の中には、後の政治学界で中心的な役割を果たすことになる阿利莫二、福島新吾、石田雄、河中二講などの名前が見える。（ただ、選挙分析の専門家を志す研究者がおらず、それが研究全体の理論的指向の弱さの原因となり、かつ後の政治意識調査との非連続の一因となっていると思われる。）

調査対象としては、（大）都市部として東京都第一区から台東区（浅草、上野地域）が、農村（および小都市）部として第七区から府中町および西府村が選ばれた。そして、まず、各地域の社会経済構造や政治（史）的沿革、候補者の経歴についての事前の調査が行われ、キャンペーン期間中は選挙運動や有権者の反応の観察が、さらに、約二〇〇〇人に対する調査票にもとづく面接調査が同一の被調査者に対して投票一〇日前と直後とに実施された。

この時期は、アメリカでも本格的パネル調査の成果が公刊され始めた時期である。一九四〇年の大統領選挙を素材とした選挙調査における最初の画期的研究 *People's Choice* が出版されたのは、同書公刊の前年、一九四八年で、続く *Voting* が出たのが、一九五四年である。しかし、分析手法のうえで、同研究がこうしたアメリカでの研究の影響を直接受けているとは思われない。[3]（おそらく辻清明をリーダーとして）手探りで手法を開発していったものと思われる。

さて、意気込みや熱気の反面、難しさも予想以上であったという。「われわれはこの困難な仕事を通じて、実際に経験してみなければ判らないような多くの問題に逢着した。このような性質の実態調査というものが、いかに難事であるかを身をもって体験し得ただけでも大きな収穫であったとさえ思うことがある」（二頁）との感想が加えられている。この困難の一端は、農村班調査員による次の手記からも読み取れる。「調査に行った学生を政党の廻し者と見たり、警察の者とみたり、税務署の役人と見る向きが多くあった。それは近頃こうした役所で学生を多く採用しているからでもあるが、だいたいが何のためにこういう調査をするかがわからないから不安なのである。例えば、調査対象が婦人の場合は殆んど主人が助言と監視を兼ねて座り込むのが常例である。『選挙の調査で……』というが早いか、『お父さん〳〵』と応援を頼み、主人の背中越しに『知りません、わかりません』というのや、『うちの家内は何も知りませんので……ヘイ』と主人が代っていうのもある。『私なんぞ……』と尻込みして、唯はにかんでいる人もある。……〔調査員の中には〕蔭で『ああいうのが、留守の時には空巣を働くんだろう』といわれた者もある」（二一八～二一九頁）。

さて、以下では都市部の調査結果を中心に検討を加えたい。農村社会は閉鎖性がより強く、こうした即席の調査では十分な成果を上げられなかったと思われるからである。（農村調査のためには前章のドーアの『日本の農地改革』のような長期的に腰を落ち着けた調査が不可欠であろう。）都市部については、農村部のような選挙人名簿からのランダム・サンプリングではなく、事業所単位で中小企業主および従業員をサンプルとして抽出している。そもそも台東区が調査対象に選択されたのは、当地では問屋制家内工業が圧倒的で、「前近代的な社会的経済的諸関係のなお強く残存している地区」（二二六頁）であったためである。[4] すなわち、同地域の政治意識の分析を通じて、前近代的な経済社会関係がいかなる政治行動を生み出しているかが分析の主たる対象とされているのである。この意味で、同書もまた近代主義政治学による伝統的政治文化研究の一例である。（ちなみに、農村部の西府村も、もっとも停滞的・封建的な農村という観点から分析されている。）

この意識調査の面では、まず、零細企業・家内工業「経営者」への自由回答形式の質問を通じて、この層が重税と経済統制に悩まされ、これに強い反発を抱いていることが浮き彫りにされる。[5] 実は歴史的にいえば、この調査対象となった一九四九年選挙は、片山＝芦田内閣の後を受けた吉田内閣が、ドッジ・ラインを契機に「自由主義的反動」に踏み切る直前の選挙であり、（昭和電工事件などの政界浄化問題を別とすれば）外資導入、取引高税撤廃、飲食店の再開などの争点も絡んで経済復興の方策として、社会主義（もしくは修正資本主義）でいくか、（経済的）自由主義・資本主義でいくかが最大の争点になった選挙である。この選挙で与党の民自党が大勝を収めたことで、吉田内閣による経済政策の重大な転換が可能になったわけである。この勝利の背後に中小企業における経済的自由主義が存在したことを、同調査は明らかにしている。

たとえば、ある鼻緒工業共同組合理事は、鼻緒が製品になるまでには二一回税のかかる過程があり、税務署でもその一〇回は脱税されると認めている、と間接税の不合理を説き、次のように述べたという。「税は直接税だけにすべきですね。……商工省あたりの役人をへらして統制をやめてもらいたいもんです」（三五〜三六頁）。また、ある靴組合幹部は業界組合員の意識を次のように説明した。「われわれ業者は一部を除いて民自党を支持しています。その主な理由は、民自党が統制の撤廃と自由競争を唱えているからです。……戦時中の統制にこりたことと、統制がヤミの原因で不合理きわまると考えて、これをはずすことに賛成しています。なお大部分は自由経済の夢を見ていて、昔にかえることを望んでいます。中小企業者は自由経済でなければ金がもうからないときめているのです」（六七頁）。

ただ、この地域も、前回選挙のときは社会党がかなり票を伸ばしたところである。中小企業主の間にも社会党支持が少なくなかった（六九頁）。それが、今回の選挙で民自党へ大きくシフトしたのは、「結局今日の生活の窮乏を救ってくれるものが、当時は社会主義と思い、今日は自由経済と考えている」ことによるのではないか、と同書では推測している（六八〜六九頁）。統制への反対はかなりの部分、統制経済そのものへの反対というよりは、統制に伴って「政治的」便宜をはかってもらうために有力者やブローカーへ依存せざるをえないことや（三六、四三〜四四、五三頁）、ヤミ市場によって「正直ものが馬鹿をみる」事態が生まれること（三五頁）への不満であったと思われる。「統制は、はずすべきですよ。しかし、どうしてもはずせないのなら、いまのように蛇の生殺しのようなことをせず、徹底的にやるべきですよ。正直ものがたまりませんからね」という中小企業者の言葉(五三頁)はそれを裏書きする。社会党が掲げたような公正な統制が本当に実現できるのであれば、支持してもよい、というわけである。そして同書は、四九年選挙での(社会主義から自由主義への)「夢」の変化には社会的な「勢」が存在し、「新聞やラジオの論調が影響しているように考えられる」としている(七二頁)。[6] この指摘を裏付けるデータは示されていないが、非常に興味ある指摘である。

さて、以上の自由主義への支持については、「役人の首切りをどう思うか」という質問を通じて、面接者は、人員整理への高い支持が、「税が重いという場合、いつも役人が多すぎるからだという解釈を下し、また統制も役人の地位をつくるためだと考える中小企業々主の意見を現わしている」との結論に達している(四七頁)。政府に対する反感が、公務員、さらには(労働運動の中核をなしていた)官公労に対する反対につながることを明瞭に示しているのである。

さらに、中小企業経営者のこの経済的自由主義は、同時に(ほとんど伝統的権威主義と区別がつかない)反社会主義、反共主義を伴っていることが示される。まず、ストライキについて、ノート製本業者は次のように語っている。「私達なんぞは御覧の通り、朝起きるとすぐから夜遅くまで働きつづけで、税金に苦しめられながら、ようやく毎日何とか暮しているんで、日曜も何もありあしない。それなのに工場に行っている連中などは、朝は時間までに行けばいいいし、夕方も早く帰って来る。おまけに日曜は休む。それで賃金を上げろだなんて大体厚かましいですよ。それで上げなけりゃストライキをやるとかいって、とんでもない話だ」(三七頁)。

他方、老舗の人形問屋の若主人による次の回答は、反共主義が問屋制工業の前近代的、権威主義的労使関係に密接に結びついていることを示唆している。「商売が大事なんで、政治のことを考えている暇はありませんよ。しかし共産党を押えるというために、投票だけは民自党にします。この前の選挙のときは尾津に入れましたよ。共産党が天皇陛下に危害を加えようとしたら、ブッタ斬ってやると演説していたのが気に入ってね。今度も一番反共のはっきりした人に入れようと思うんです。……だって、共産党が天下を取ったら、店に使っている若い者の教育に困るじゃないですか」(四一頁)。

インタビューによって収録された以上の意見は、第三次吉田内閣における経済政策上の自由主義政策と治安政策、教育政策上の伝統的権威主義政策との結びつきが、大衆レベルでいかなる社会的基礎をもっていたかを示すものであるといえよう。ただし、同書の著者らは以上の発言をこうした枠組みで解釈してはいない。むしろ、経済的実状と伝統的政治文化との乖離と見て、中小零細企業主やその従業員が経済的苦境と政治的不満からやがて「進歩的政党」への支持、あるいは少なくとも、前近代的意識の払拭に向かうものと期待していたように見える(五二〜五三、六八頁参照)。そもそも同書は、後の研究者がさまざまに解釈を加える余地をもつ調査報告としての性格が濃厚で、そこに同書の一つの大きな価値が認められよう。全体の叙述もジャーナリスト的であり、当時の選挙の「実態」を知るうえでの好著である。ただ、そのことはこの研究の理論的枠組みの弱さの反映でもある。(この点については後述する。)

ところで、同書には、こうしたイデオロギー分析の素材となるような意識調査に続いて、候補者の地盤の構造に関する分析が行われている。この部分には、当時――この直後のコミンフォルム批判まで――税金対策を主なサービスとして目ざましい勢いで拡張していた共産党の地元組織「生活擁護同盟」の詳しい検討や野坂参三の個人的アピール、あるいは浅沼稲次郎と原彪という二人の社会党代議士の相互に対照的な選挙活動に関する分析が含まれるが、ここでは、逆コースの背景という観点から、保守党の組織基盤に限って紹介、検討しておきたい。

まず、国会議員の候補者について、地方議員、有力者の系列が図示される（図11）。そして、その地盤の実態が次のように叙述される。「浅草北部の或る皮革業者は、昔から民政党系だというが、罹災後も建築の許可を得たり、転入の許可をとったりする場合、いつも昔組合の顧問だった民政系のB級〔都会議員級〕某有力者にたのみ、その人を通じて現区議の某氏に口をきいてもらっていた。そしてその区議は必ず『そのかわり選挙の時はたのむよ』といい、彼も忠実にそれを履行してきた、と語っている」（六四頁）。

「下谷の或る進歩系政党員の語るところによると、区議クラスが、町の各種委員級をいつも何人か引きつけ、一緒に飲みあったり、金儲けの仲介をしたりする。そしてその委員級は又自分の近所の一人々々について、事業資金や原料の世話から、税の申告、貰い下げ、子供の学校の事、欠席届の代書、はては夫婦喧嘩の仲裁等およそ人に恩義をうることのできるようなことは何でもして顔を売る。そしていろいろの役員におさまって役得をむさぼったり、親分の為に票をかせいだりするのだということだ」（同）。

現在の保守党の集票組織とほとんど変わらないものが、既にできあがっていたわけである。ただ、著者らは、この集票組織が、伝統的な義理人情的で、かつ強固なものから、競争的で、利益志向型のものへの変化を表していると見ていた。すなわち、「候補者の側においては〔地元有力者を系列化した〕その旧い地盤がなお相当力強く存続していることが認められるが、そのボス的構造は崩壊し始めており、少なくとも不安定なものであり、そして激しい相互の競争に脅かされていることが判明した。保守主義というような信念的な、社会的志向によって裏づけられている積極的証左は顕著でない。むしろ、金による取引能力、ヤミ的行動、ハデな選挙運動というような外面的な個人的技量に依存していることが認められる」（二二八頁）というわけである。ここでは、伝統的秩序の崩壊とともに、金権政治型の新しいサブ・リーダーが登場してきたことが指摘されているのである。このサブ・リーダーたちが、伝統的行動様式との間にいかなる連続性と非連続性をもつかは興味ある理論的検討の課題である。それを知ることで保守支配の構造と本質とが明らかになるはずであり、今日から見れば、逆コースのその後の展開を予測する重要な鍵となったはずである。さらにこの文脈で、当時顕著であった（同調査で観察された）浅沼や野坂の「人格的人気」の意味についても、より突っ込んだ理論的検討を加えることが可能であったと思われる。ただ、前者の側面については、本書に続く『総選挙の実態』（岩波書店・一九五五）で、より詳しく分析され、さらに、その研究に参加した杣正夫と升味準之輔によってそれぞれ選挙研究と政党研究の流れとして継承されていくことになる。

ところで、保守党における、以上のようなパーソナル・ネットワークを基礎とした集票と、先にみた

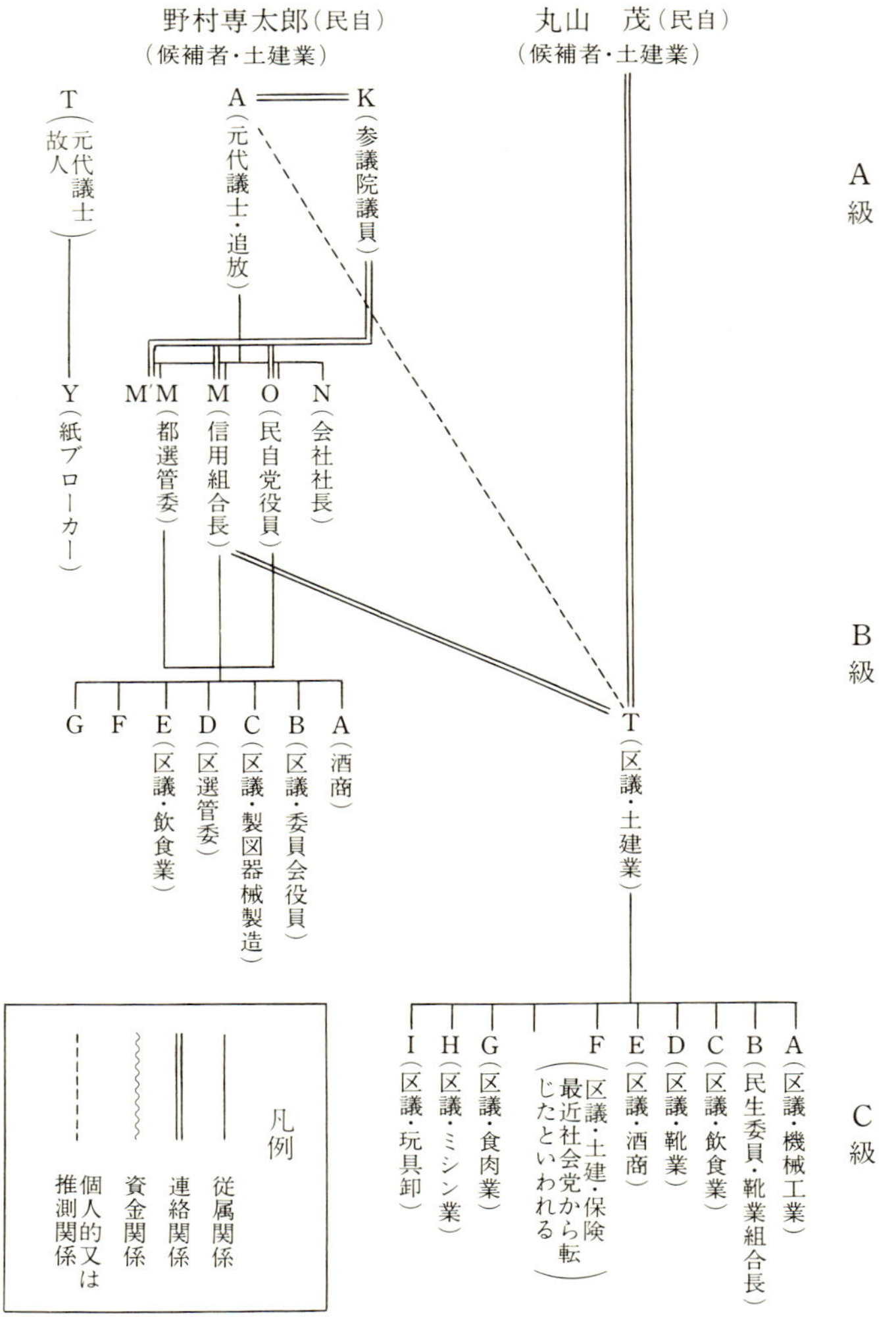
野村専太郎（民自）
（候補者・土建業）
丸山 茂（民自）
（候補者・土建業）
T（元代議士 故人）
A（元代議士・追放）
K（参議院議員）
A級
Y（紙ブローカー）
M′
M（都選管委）
M（信用組合長）
O（民自党役員）
N（会社社長）
B級
G
F
E（区議・飲食業）
D（区選管委）
C（区議・製図器械製造）
B（区議・委員会役員）
A（酒商）
T（区議・土建業）
I（区議・玩具卸）
H（区議・ミシン業）
G（区議・食肉業）
F（区議・土建・保険 最近社会党から転じたといわれる）
E（区議・酒商）
D（区議・靴業）
C（区議・飲食業）
B（民生委員・靴業組合長）
A（区議・機械工業）
C級
凡例
従属関係
連絡関係
資金関係
個人的又は推測関係

有力者の系統

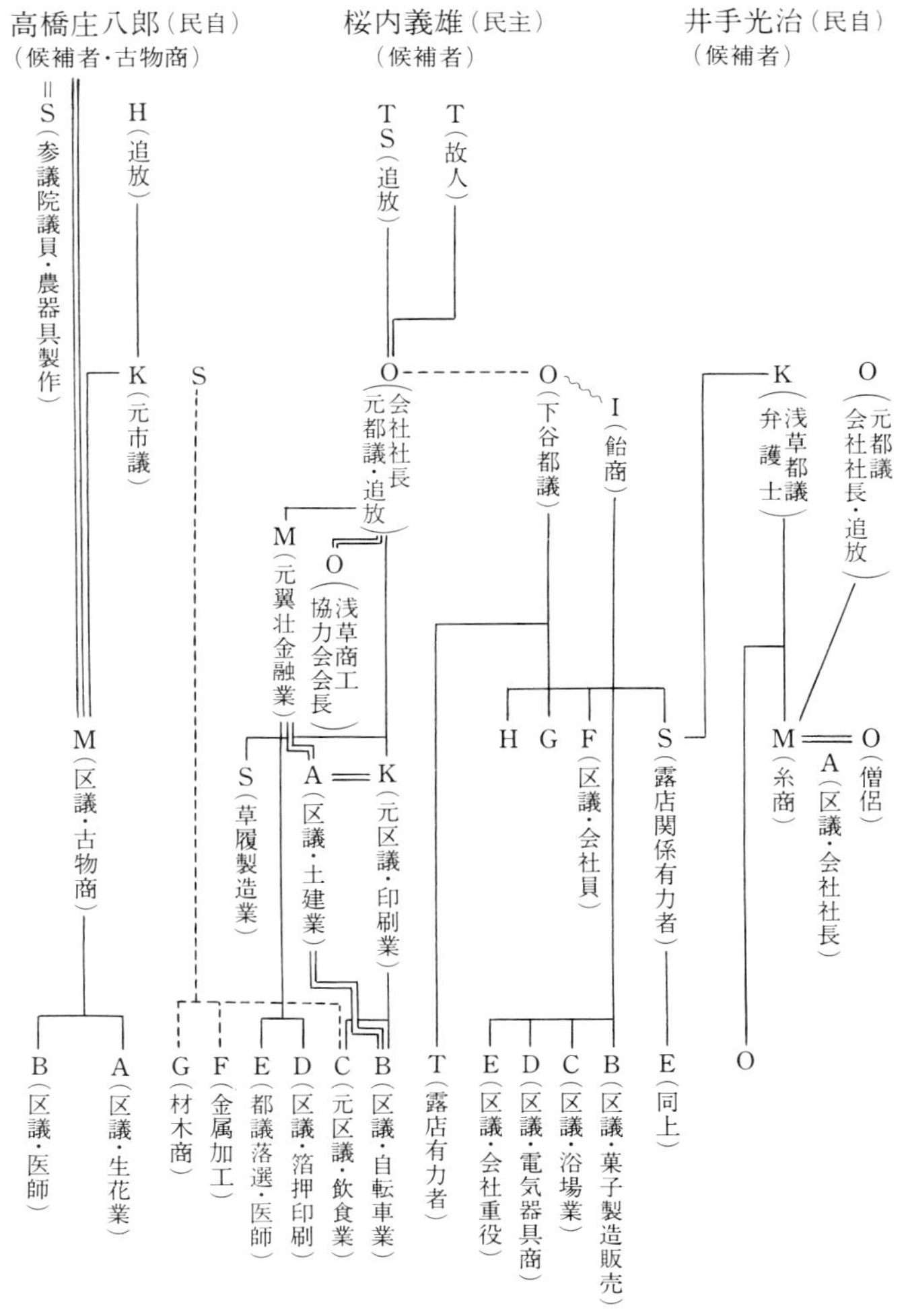
高橋庄八郎（民自）
（候補者・古物商）
桜内義雄（民主）
（候補者）
井手光治（民自）
（候補者）
S（参議院議員・農器具製作）
H（追放）
K（元市議）
S
TS（追放）
T（故人）
O（会社社長 元都議・追放）
O（下谷都議）
I（飴商）
K（浅草都議 弁護士）
O（元都議 会社社長・追放）
M（元翼壮金融業）
O（浅草商工協力会会長）
M（区議・古物商）
S（草履製造業）
A（区議・土建業）
K（元区議・印刷業）
H
G
F（区議・会社員）
S（露店関係有力者）
M（糸商）
O（僧侶）
A（区議・会社社長）
B（区議・医師）
A（区議・生花業）
G（材木商）
F（金属加工）
E（都議落選・医師）
D（区議・箔押印刷）
C（元区議・飲食業）
B（区議・自転車業）
T（露店有力者）
E（区議・会社重役）
D（区議・電気器具商）
C（区議・浴場業）
B（区議・菓子製造販売）
E（同上）
O

図11　保守政党

政府の（自由主義経済）政策への期待とは、いかなる関係にあるのだろうか。この点については、同書ではほとんど検討がなされていない。全体として、伝統的な集票方法たる前者から、近代的な集票方法たる後者への移行の趨勢が、（近代主義的な暗黙の前提にもとづいて）指摘されているにとどまる（六八頁）(8)。実は、この問題は、次の著書『総選挙の実態』の中心的なテーマの一つであり、次節で検討する。

二　一九五二年総選挙の分析

さて、総選挙の第二回目の分析は、三年有余後に行われた次回の選挙、一九五二年一〇月の選挙について実施された。講和の実現直後であり、再軍備が最大の争点になった。経済的には特需景気が下り坂に向かっていた時期である。調査地は、都市部については、東京都江東区の城東地区、農村部については、東京都の鶴川村が選ばれた。ここでは、農村の分析についての検討は、前節と同様の理由で、割愛する(9)。

城東地区は、重工業大企業とそれに従属する中小企業からなる工場地帯をもち、戦前から労働運動・左翼政党運動の盛んなところで、特に、無産政党右派の拠点であった。戦後は、共産党が進出し、一時は、右派労働勢力を侵食する勢いを見せたが、レッド・パージを契機として、地元候補の右派社会党が再び力を挽回した。選挙地盤としては、保守党と社会主義政党、特に、自由党と右派社会党とがせめぎあっている地域であったといってよい。今回の調査は、防犯協会や自治会などの「居住組織」、労働組合、農業協同組合といった組織の影響力、すなわち、「組織票」の検討に力点が置かれた。この組織票の検討は、主として第二章で行われる。保守党の集票組織の検討は、（分析はより体系的になっているが）前回の分析と基本的に違いはないので、ここでは（当時左右に分裂していた）社会党の集票組織の分析[10]を検討したい。

まずその前史として、この地域が戦後初期の急進的労働運動が盛んなときも、「闘争は共産党、選挙は社会党」という傾向がみられ、社会党右派の熊本虎三の票田であったことが指摘される。ところが、一九四九年選挙では、共産党の聴濤克巳がその地盤を侵食し、この選挙区で当選している（熊本は次点で落選）。しかし、その基盤となっていた急進的組合組織は、ドッジ・ライン下の争議を通じて一般労働者、さらには市民から孤立し、続いてレッド・パージに直撃されて、短期間に後退、壊滅を余儀なくされた。なぜか同書には触れられていないが、当時は、共産党がコミンフォルム批判によって四分五裂し、武装闘争に傾斜してその大衆的支持を急速に失っていった時期でもある。前回目ざましい活躍が記録された民主商工会による税金闘争は、この選挙当時には休止状態であった（三七頁）。

このように、今回の選挙は特需景気の下降に伴う急進的労働運動の後退期に行われており、同書の端々で、選挙活動の観察を通じて、「資本の攻勢」という逆コースの一局面をみることができる。すなわち、「組合活動にも政治活動にも最も熱心であった共産党員が、職場から殆ど一掃されたことは他の組合員に厳しいみせしめとなった」（五九頁）。いくつかの会社では、さらに、左派社会党は「容共であり、したがって共産党と同じだ」との見解を流し、会社内で左社支持を公言することをも不可能にした

（六〇頁）。今度は社会党左派系へのパージの再開をちらつかせているわけである（六七頁）。そして、企業において職制が強化され、労働組合が会社と一体となった右派幹部に牛耳られており、経済主義的な要求も「共産党」のレッテルを貼られて、会社からも組合からも抑圧された（三五頁）。活動家が萎縮したのも当然である。加えて、公職選挙法が改正されて、選挙運動が厳しく制限され、取締りも強化されて、それが選挙活動を一層萎縮させた。

左派社会党の選挙活動への抑圧は、具体的には、組合主催の候補者の演説会がかつては自由に開けたのに、その後、新たな労働協約によりこれが禁止されたこと（外部では演説会も労働者は集まらなかったという）、ポスターも、組合事務所以外では貼れなくなったこと、就業時間中の組合活動も禁止されたので、（その時間中）外部にでて活動することもほとんど不可能になったこと（五九頁）などが報告されている。しかし、こうした政党活動が会社内で（あるいは勤務時間内に）できないことは、自由主義社会においてはある意味では当然のことである。むしろ、それまでの組合の「政治」活動が、会社の組織やその他のリソースに依存していたことの弱点が露呈されたというべきであろう。そのことは、組合費が職制を利用した俸給天引きでなければ集まらないという事態の延長上にある。工場外での政党の演説会に労働者を動員できなかったこと、メーデーへの参加も「上からの割当」で義務として参加しているにとどまったことなども同様である。

そもそも日本の労働組合は、急進的な労働運動の成果として企業を基盤とする政治・政党活動上の権利を勝ちとっていたが(11)、レッド・パージを頂点とする資本の攻勢にあってこのリソースを失ったとき、街頭で活動すべき力をも喪失したのである。こうした状況の中で、調査者が見出したのは、抑圧への反発ではなく、むしろ「一般的には意外にも〔労働者の〕政治的関心の薄さ」であった（三五頁）。したがって、逆コースのためには、街頭での政治活動を公権力を通じて抑圧する必要がなかった。政治活動に対する労働者個人の自発性が欠如しているところでは、企業内部での活動が抑圧されれば、市民的権利一般を抑圧する必要はなかったのである。逆コースが、全面的な権威主義的反動に移行しなかったのは、皮肉にもこうした左翼の側での基盤の弱さであったともいえよう。

こうした背景の下では、組合が特定政党ないし候補を組織決定した場合も、その拘束力は弱い。「決定に対して真向から反対する人は少く、とくに異論がなければかなりの部分は従うが、黙殺する人も少くない。まして家庭にもちかえって家族や隣人に宣伝し、妻の家その他までをすすんで獲得しようとする人はきわめて少ない」ことがインタビューなどで確認されている（六三、六五頁）。特に、区議などの地方選挙においては、労組の推薦も地元の利害や付き合いの深さに圧倒されるという実状であった（六四頁）。

この間隙をぬって、右派社会党の熊本虎三が勢力を回復した。熊本の選挙活動は、組合の支持を受けるのでなく、地元の組合幹部の個別的支持を基礎としていた（図12）。右派系組合幹部は、職制出身の組合役員に対し（右社の熊本候補のために）「個別的工作」をして回ったという（六一頁）。もっともこれらの役員は、元来、熊本の支持者であり、「念を押す」効果にとどまったとされる。いずれにせよ、彼らは、多くの場合、昔の仲間という親近感や、総同盟幹部などの肩書で「今はえらくなった」という

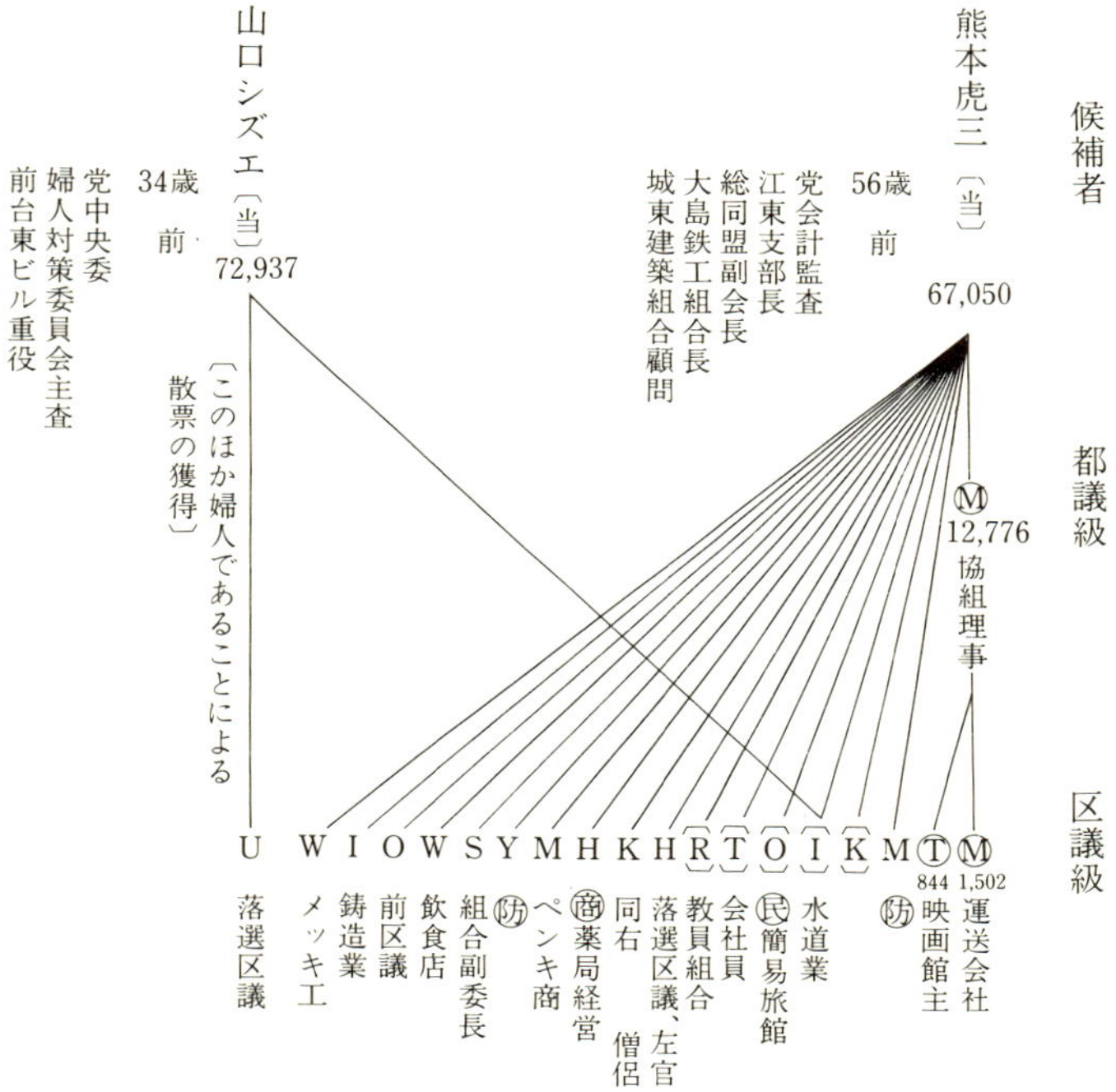

凡例 イニシアルに○のついているのは都議，区議，その下の数字は区議，都議選挙に当っての得票数．〔 〕は深川地区のもの．㊍は防犯支部長またはその他幹部．㊋は民生委員．㊎は商店会幹部．

図12 有力者系統図

尊敬の念によって熊本を支持していた（六六〜六七頁）。彼らに動員された一般の労働者も同様であったと思われる。加えて、堤防工事、鉄道駅の開設、学校の建設など、熊本が尽力したとされる地元サービスが、地元の利益実現として宣伝される。保守党と基本的には変わらない集票活動を行ったわけである。「組織票」の実態は以上のようなものであった。

さて、以上のような左翼政党における組合やパーソナル・ネットワークによる集票の実態の分析と、保守党における（前回と同様の）集票の分析を行ったあと、第四章では、（前節で検討を積み残した）「組織票」による集票と、政策アピールによる集票との比重、関連という問題が検討される。まず、保守系組織や労働組合による直接的な動員が、極めて限られた範囲と効果しかもたないことが調査データから指摘される。すなわち、「こんどの選挙でこの候補者に入れてくれと、誰からかすすめられたり、頼まれたりしたことがありましたか」、「組合、職場とか、あなたの関係している団体や部落の寄合で支持すると決めた候補者がありましたか」、「あなたはその候補者に投票なさいましたか」という質問に対する回答を見る限り、こうした集票が、有権者の数％以内にとどまることが明らかにされた（一〇三頁）[12]。

次いで、いかなる要因が、投票の決定の際、もっとも大きな影響を与えたかが検討される。「今度の選挙で何党の人に投票なさいましたか」、「その人に投票なさった理由のうちで一番大きな理由は何ですか」という質問への回答によって、である（表1）。これで見ると、自由党、右派社会党へ投票した者のうち、「人物がよいから」と「地元だから」という理由を挙げている者は合わせて五五％前後に上る。そして、この回答が具体的には何を意味しているかが、次のような、調査の際に採集された「意見」に

表 1

〔C1〕今度の選挙で何党の人に投票なさいましたか
〔C3〕その人に投票なさった理由のうちで一番大きな理由は何ですか

労　働

C1 ＼ C3	地元だから	党、政策がよいから	人物がよいから	人にいわれたから	別にない	その他	%
自由	13	41	40	2	1	3	100
改進	6	39	44	11	0	0	100
右社	22	41	32	0	1	4	100
左社	0	80	11	0	6	3	100
共産	0	100	0	0	0	0	100
無所属	0	0	0	0	0	0	100
諸派	0	100	0	0	0	0	100
いいたくない	0	0	57	0	14	29	100

一　般

C1 ＼ C3	地元だから	党、政策がよいから	人物がよいから	人にいわれたから	別にない	その他	%
自由	17	32	37	2	1	11	100
改進	14	50	22	0	0	14	100
右社	19	32	37	2	5	5	100
左社	4	67	29	0	0	0	100
共産	0	75	25	0	0	0	100
無所属	0	0	100	0	0	0	100
諸派	0	0	0	0	0	0	100
いいたくない	0	18	37	9	0	36	100
空白	100	0	0	0	0	0	100

よって紹介される。たとえば、右派社会党の熊本虎三については、「内職に煙草屋を営む織物工（五三歳）は減税政策を強く要求しながら、一方熊本候補については『二、三年も前から、その人の気持がよく分かっている。都会議員に出られても他の人のようなおかしい噂はない。真面目な人だ。面識もある。私は党にはこだわらない』という」（一一〇頁）。

煙草兼おもちゃ屋主人（四六歳）は、「商売人からいうと戦時中統制で困ったから、自由党だ。自由ということは、働けば代償が出ることだ。だから地区一般のためにつくして呉れる自由党の人のつもりだったけれども、熊本さんが落ちるのではないかという噂と同県人（佐賀）ということから、こんどの場合は熊本さんにしました」という（一一〇頁）。

ここでは、「人情票」とか前回落選した候補に対する「同情票」といった、利益誘導とも関係のない要素が大きな比重を占めていることが示されているのである。あるいは、世話焼き活動などが関係する場合も、「地元のために永い間つくしてくれた」という、日常的なパーソナル・ネットワークの構築の効果であって、直接的な利益供与による集票とは一線を画している。

自由党の場合も同様で、代議士の系列下にある有力者は、「街の日常活動の世話人となり周旋人となることによって、目に見えない糸をもって雰囲気的に集団を編み上げて」いき、「町の親近感の中心となり、町の共同感情の頂点をなすのである」。それが、「地盤とは日常の交際のことだ」という意味である（一一七～一一八頁）。要するに、選挙キャンペーン中には必ずしも積極的な働きかけを行わなくとも効果を発揮するネットワークであり、先の（キャンペーン中の直接の「働きかけ」をとらえようとする）質問によっては捕捉しにくい日常的な交際を基礎としているのである。

そしてここでも、直接的な利益供与は必ずしも中心的な位置を占めていない。「人物がよいから」、「地元だから」という理由が示しているように、人望と地元意識といった漠然とした「雰囲気」が広範に広がっていることが決定的なのである。

他方、今回の選挙で政党の側が提示した最大の争点は、自由経済か統制かではなく、再軍備問題であったが、有権者もこの争点に大きな関心を示した。[13] 特に、左派社会党支持者の場合には、人物、地元意識以上に、この争点が投票行動に決定的に重要であった（一一三頁）。[14]

以上のように、有権者全体の投票行動から見ると、「組織票」なるものはごく限られた現象であること、選挙キャンペーンにおいて可視的に存在するネットワークは「地盤」の氷山の一角でしかないことが分かる。同書第二章での分析のように選挙運動を短期的に候補者の側から観察すると、そうした「組織」や「実弾」を含む利益供与のもつ影響を過大視することになるのである。

ところが、残念ながら、同書の結論部分（「結語――調査結果の要約」）では、こうした認識がまったく生かされていない。地元有力者、職制ないし組合ボスによる（日常的庇護関係を基礎とした）有権者に対する「支配」という結論や、そうした伝統的支配にもとづく集票から、利益給付と反対給付としての投票という利権政治化への転換という指摘（一二六～一二七頁）は、データから読み取られた（第四章での）解釈とは矛盾する。都市における地盤が、強力な社会統制（社会的、経済的制裁を伴う）たる「支配」を基礎にしているというためには、有力者を通じて供給されるサービスが多数の有権者にとって不可欠なものであり、その享受が有力者の恣意に依存していることが示されなければならない。アンケート調査および自由回答インタビューのデータは、そのいずれをも否定しているのである。政党政治は、飲食店や土建業などの特殊なケースを別とすれば（六九、七七頁）、大部分の人々にとって周辺的な意味しかもっていない、というのが調査から読み取るべき結論である。（ドーアの観察がこれを裏書きすることは既に述べたとおりである。)[15] むろん、政治が重要な意味をもたないという事実がもつ政治的な意味の重要性を議論することはできるが、そのためには、自由主義的な政治体制についての理論的認識が不可欠であり、当時の政治学の関心からしても、そうした議論の展開は望むべくもなかった。

この結論部分は、調査参加者たちが集まって数回にわたる討論と総括討論のうえで書かれたものであるというが（一二六頁）、以上の解釈上の誤りは、当時支配的であった「逆コース時代」の政治認識が反映したことの帰結であると考えられる。あるいは、既に述べた、共産党に対する弾圧がもたらした左派の間での重苦しい雰囲気が反映したのかもしれない。

左派活動家に対する厳しい抑圧がその他の政治活動の自由には及ばなかったこと、というより、職場における共産党およびそのシンパに対する監視が、市民生活にまでは拡大しなかったことの意味が、当時の政治学者によっては等閑視されたわけである。四〇年後の今日、一九五〇年代の逆コースの意味を考えるためには、この問題こそが一つの重要な鍵を提供しているのであるが、それを（現実政治的な場で「進歩的な」立場を保持していた）同時代の政治学者に求めるのは、ないものねだりであろうか。

むすび

本章で検討した研究に典型的に見られるように、一般的にいって逆コース時代の日本の政治学は、現実政治的関心が強いだけに、その分、理論的な検討を行うに必要な現実との距離を十分とることができていない。天皇制ファシズム分析が、経済史、思想史、社会心理学、民俗学などの手法によっていわば迂回的に政治現象に接近しているのとは、対照的である。そして、当時の政治学者の理論指向の弱さを、これまでここで取り上げてきた社会心理学者や社会調査マン、さらにはドーアのような「文化人類学者」による研究がカバーしているともいえよう。

振り返って考えてみると、この時期までの現代日本研究には、アメリカ政治学の影響がほとんど見られない。主として、占領下で依然国際的には孤立していた日本社会の状況や、学界の状況などの事情によるのであろうが、日本の政治を（西欧と較べて）特殊日本的なものとみなした当時の政治認識もその傾向を強めるものであったと思われる。批判のための規範的枠組みとしてはともかく、日本の政治を先進諸国の政治と（対等に）比較するための概念枠組みを構築しようとする発想が欠如していた。むしろ特殊日本的現象を分析するために、特殊日本的概念が必要であると判断されていたのである。天皇制ファシズム分析に既にみられたこうした傾向は、逆コースの分析において一層顕著になったように見える。戦後政治の分析については、もはや、ドイツなどとの比較も行われていない。こうした日本の特殊性の認識が、この時期の分析を理論的指向から遠ざける働きをしたように思われる。

以上のような事情によって生まれたこの理論的間隙の故に、その後一九五〇年代末から六〇年代初頭にかけて、それまでの政治学の成果とは無関係に、政治学にも大衆社会論、集団理論・圧力団体論、近代化論、パワー・エリート理論などアメリカ社会科学の諸理論が急激に導入されることになった。そしてこれらの枠組みによって、高度成長（初期）の分析が開始される。このため、ディスクリプティヴな性格の強い逆コース時代の現状分析の手法は発展、継承されず、そこで得られた認識だけが政治評論の場で生き続けることになったのである。

（1）この調査の成果は、最初、『朝日評論』（一九四九年四月号）誌上に報告された。
（2）附論として、翌一九五三年四月の総選挙についての短い考察が付け加えられている。
（3）こうした外国の研究に直接に影響を受けた選挙分析としては、吉村正を中心とする早稲田グループによる一九五八年総選挙の分析が最初であろう。その成果は「投票行動の研究——昭和三三年五月総選挙の実態調査」として『社会科学討究』（一九五九）に公表された。他方、個々の選挙とは直接関係なく、政党支持を軸とする政治意識の研究が、一九五五年の「政治意識研究会」の組織を契機として活発になり、その成果が心理学系の専門誌を中心に公表され始めた（京極純一「政治意識研究の歩み」『統計数理研究所・研究リポート四五号』参照）。
（4）したがって、ベレルソンらの研究のように、典型的な日本の選挙区を無作為に選択しようという発想は、はじめからなかったわけである。前掲『朝日評論』一九頁参照。もっとも、こうした前近代的都市社会が、理念型的な意味で日本の典型的都市であるとの認識（というより、前提）はあった（二五頁）。
（5）調査参加者は、この自由回答形式のインタビューでは、純粋な投票行動調査を越えて、有権者の経済状態から始まり、社会的不満、政治一般に関する意見、世相についての意見など多角的に「意識」を聞いて回っており、同書は、投票行動の背後にある社会的、経済的背景を知るのに格好の素材を提供している。
（6）マス・メディアの影響については、ラジオの政見放送を聞いたかどうか、といった質問のみであり、メディアの長期的な影響力は調査の対象とされていない。ただ、民自党への期待が社会党への失望の単なる裏返しであるとすれば（一〇六、一一八頁参照）、後の政治学でいう政権党に対する「業績評価」の結果であり、この「政治潮流」の変化を特にマス・メディアの影響と見る必要もないように思われる。
（7）若田恭二『現代日本の政治と風土』ミネルヴァ書房・一九八一、黒田展之『現代日本の地方政治家』法律文化社・一九八四参照。

(8)　それが結果的に誤った推測であったことは、前注の研究が明らかにしている。
(9)　都市と農村における二つの調査は、まったく独立に行われており、分析に際しても比較の観点は皆無である。
(10)　この部分は、福島新吾の執筆になる。なお、同地区では、右派社会党からもう一人の候補者、山口シズエが立候補し、当選しているが、彼女は都市の新中間層、特に婦人層に重点をおいた選挙運動を展開した。
(11)　この点については、本書第Ⅱ部第六章参照のこと。
(12)　もっとも、この選挙での取締りの厳しさが、回答に影響を与えていることも推測される。
(13)　前回同様、高い税金も、中小零細企業主ばかりでなく、勤労者にとっても依然として切実な問題であった(三八～三九頁)。
(14)　加えて、政党選択の場合には、「社会党は労働者階級の政党」、「自由党は中小企業の政党」という政党イメージがかなり重要な要素となっていることが、自由回答のインタビューを通じて明らかにされている(一一九頁)。さらにそれが、ソ連、中国に対するイメージや評価と関連している(一三一、一三三頁)。こうしたイメージによる選択も、利益政治の比重を相対的に低くするものである。
(15)　そして、同時に、そうした一見すると脆弱に見える社会的ネットワーク(とそれによる集票)が、その後の急激な社会、経済の変化を生き延び、現在にまで続くことを、当時は予想しえなかったのである。はじめから強制を伴うような「支配」による集票でなかったが故に、支配・従属関係が失われても、持続しえたと見るべきであろう。

(本稿の執筆に際して、当時学部学生としてこの選挙調査に参加した廣中俊雄東北大学名誉教授にお話を伺った。感謝したい。)

第五章　「地方自治への攻撃」の政策過程論的分析

――河中二講――

本章では、政策決定過程分析の先駆的業績として、一九五〇年代における「地方財政再建政策」の形成過程に関する河中二講による実証分析を取り上げたい。本研究は、『自治研究』に六回にわたって連載された長大なもので(1)、一九五一年から政治問題化した地方財政赤字という争点を素材に、一九五五年六月に国会に提出されてさまざまな修正を受け翌年一二月に成立した「地方財政再建整備促進特別措置法」を分析の中心に置いて、国会提出に至る数年間の過程と、国会上程後の修正・制定過程をめぐる、極めて複雑な対立と妥協のプロセスを詳細に跡づけたものである(2)。中央政府による地方自治体への監督権強化という逆コースの一局面を綿密に描いた力作として、ここで取り上げるにふさわしい研究である。

一　政策形成過程分析

河中は、行政学者として「政策形成過程をとおして行政を究明する」ことを志し、その「習作」として本稿を執筆した、と「あとがき」で述べている。そしてその過程で、「現代社会学の若干の方法論的検討をこころみ、アメリカ現代政治学の中の政治過程論を多少参考にし、行政研究の方法論的示唆を少し学んだ」という（6・六三頁）[3]。彼が参考にしたというアメリカ政治学としては、J. L. Freeman, *The Political Process: Executive Bureau-Legislative Committee Relations*, 1955; B. Gross, *Legislative Struggle*, 1953; D. Truman, *The Governmental Process*, 1955; V. O. Key, *Politics, Parties, and Pressure Groups*, 1942; A. Smithies, *The Budgetary Process in the United States*, 1955; D. Easton, *The Political System*, 1953 などが挙げられている。当時としては最新のモデルを、日本政治に適用しようとした画期的な試みであったといえよう[4]。

もっとも、本格的な政策決定過程分析は、アメリカ政治学においても、一九五〇年前後から開始されたが、ケース・スタディによる政策過程分析、すなわち、イシュー・アプローチによる研究の成果は、河中が挙げた文献には見当たらない。彼が独自に手探りで探り当てた手法であったと思われる。この意味からも画期的な研究であった[5]。

ちなみに、イシュー・アプローチによる研究の場合、争点がさまざまなアクターを巻き込むこと、それぞれが明確な立場を表明し対立が尖鋭化していること、対立と妥協のプロセスについての詳しい情報が得られることが、不可欠の条件であるが、河中が取り上げた争点はそのいずれにおいても理想的なイシューであった。地方財政再建政策は、五〇年代の最大の争点の一つであり、財政運営全般、とりわけ予算決定と深くかかわり、また、当時の政治状況から、党内闘争、さらには保守合同に至る保守党の再編などと密接に絡み、当時の主要な政治アクターをすべて巻き込んだといっても過言ではない。さらに河中の研究では、地方レベルの再建過程の紹介も広範に行われている。日本政治の政策決定構造を分析するためにケースに選択するには最良のイシューの一つであったといえよう。(6)

さて、河中は、冒頭で、研究の意図を次のように述べる。すなわち、「政策を形成し支える軸を、政府の機構とか制度にだけ求めるのでなく、さらに政府権力の裏付けとして流動する社会集団の政府に対する圧力関係にもとめる」(1・六二頁)。そして、「政策……の『評価』を直接にとりあげることを排しつつ、むしろ、そこの過程に現われた政治的『意欲』の支配とのつながりを究明すると同時に、他方、一般的な地方自治の政治的論究とか地方財政の経済的論究をさけて、その現実の社会構造とこの政策との相互関連性の理解を、ここで政策形成過程の『現象』の側面からアプローチしてゆくなかでえたいと考えている」(1・六四〜六五頁)。前段は、制度論的な分析からの脱却を宣言したものであり、後段は、政策評価、政府批判を一旦禁欲して客観的な実証研究を目指す姿勢を明らかにするとともに、経済学的分析等から自立した政治学的な「過程」研究の独自性を強調したものであったといえよう。

ところで、政策決定の分析は、通常理論化の水準をあまり高く設定しないところに特徴がある。(7)そのため方法的なトレーニングがなくても手懸けられるという利点がある。言い換えると、方法的に見て基本的に叙述的な分析である。したがって、事実の叙述に徹することで客観性を確保することが容易となる。この面では、性急な政策の価値評価や政治批判に堕する危険から研究を解放するという効果をもつのである。(8)エリートを研究の主たる対象とするだけに、(当時としては特に)こうした距離の取り方は貴重である。それによってはじめて、(前述の『現代日本の政治過程』におけるように)価値評価的ないしは実践政治的に、諸エリート集団を「支配層」として十把一絡《ひとから》げにすることから免れえたのである。また、政策過程分析は、時間的、歴史的な展開を追う手法の故に、静態的な制度論と較べて、政治の動態に接近することが可能な手法でもある。

さて、河中の研究は、一九五六年度文部省科学研究費による「社会集団の政策に及ぼす影響」の共同研究の一部として行われたものである。このため、社会集団の政府機関に対する圧力を分析の焦点におくことを公言している（1・六二頁）。しかしながら、社会集団と政府機関との概念上の区別は必ずしも明確でない。というより、（河中は自覚的ではないが）両者を明確に区別しないことによってはじめて、グループ理論的なモデルの適用が可能となっている。(9) すなわち、各省庁、政党（党内グループを含む）、地方団体など政府機関を構成すると考えられる組織や集団を、財界、労働組合などの狭義の社会集団と基本的に同質のアクターとみなして、相互のぶつかり合い（「交流」）による政策の形成をモデル化しているのである。(10)

この前提には、官僚制が政策過程での基本的推進力であることは戦前以来変わりがないが、その政策形成の主導権に対する反発として、社会集団や、代議士グループが（直接の働きかけや、世論を媒介とした間接的働きかけを通じて）官僚に圧力を加える仕組みが、戦後発達してきているという事情がある。そして、官僚の側も、社会集団に対して「利益提供」によってその支持を調達したり、政党に働きかけて政治批判を封じ込めたり、公聴会などで、学識経験者の意見を自らに有利に活用したりする（1・六六～六七頁）。しかも、「官庁の相互間で、それぞれの背景の社会的集団の圧力の対立激化を反映して、意見の喰違いが生じ」（1・六八頁）、この官僚制の政治化によって、権限行使に対する圧力という構図から、相互の影響力行使へと移行することが指摘されているわけである。こうした構図が、グループ理論的なモデルの適用を可能にしているのである。[11]

ただ、以上のモデルでは、河中の意図に反して、（河中のいう）「政府と社会との深層における交流」をとらえることは困難である。すなわち、河中は、「政策形成に力を発揮する『社会的集団』を政府に対する『外圧』としてとらえつつ、政府との『政策折衝』の交流に内在する政策形成の社会的な力の織り込みをとらえることによって、政策の具体的な社会とのつながりがうきぼりにされてくる」（1・六二頁）としているが、次に述べる二つの理由から、政府と社会との「交流」という視角は、必ずしも明確に浮かび上がってこない。一つには、（政府機構と明確に区別された）社会集団の概念規定が明確でないために、あるいは、社会の側に関する「階級」とか、「大衆」といった概念が欠けているために、[12]政策形成が基本的に政治エリート（および一部のカウンター・エリートを包摂した）内部の対立と妥協プロセスに限定されて理解される傾向を生んでいる。

しかし、この難点は、より根本的には、政策過程分析のもつ射程の限界という第二の理由に由来する。すなわち、政策過程に直接参加するアクター以外の動向は、イシュー・アプローチでは周辺的にしか取り上げられない。たとえば、地方レベルの反対運動については、独自に調査を行おうとすれば、別のアプローチでの接近が不可欠である。[13]元来、イシュー・アプローチは、エリート間の対立と調整を微視的に検討する手法である。河中の研究にはこの争点をめぐる住民の動向についての（主として二次的資料にもとづく）興味深い洞察が散在するが、[14] これが独自のデータによって実証的に裏付けられた指摘になっていないのは、そのためである。

二　地方財政をめぐる対立

地方財政再建政策をめぐる対立には、一九五〇年から数年間をカバーしたこの研究に限っても、さまざまなアクターが登場し、紆余曲折をへたために、微視的にみれば極めて複雑な様相を呈したことは、既に述べたとおりである。にもかかわらず、基本的な対立の構図は、単純なものである。すなわち、政府首脳および大蔵省が、地方財政の赤字は、何よりも、地方政府が自治体労働者への譲歩と住民に対する人気取り政策から「放漫財政」に陥った結果であるとして、財政面から抑制を迫るとともに、この制度的基盤たる（戦後改革によって導入された）「地方自治」制度を改革しようとしたのに対し、給与抑制や人員削減を迫られた自治体職員労組（自治労）が反発し、さらに地方政府の利益を代表する全国知事会など地方団体および地元利益を代表する陣笠代議士がこれに同調して、超党派で抵抗した過程である。

この対立においては、単なる財源の配分を越えて、地方自治をめぐる権力の配分の問題が浮上していた。ここでは、地方財政委員会に体現された戦後改革の理念たる地方自治実現のための「地方財政の確立」路線と、それに対する「修正」路線とが対抗していたからである。ところが、この対立の中から生まれたのは、一方で地方の利益を中央で代表する官庁として、他方で、中央政府の観点から地方政府を監督する役割を担う官庁として、二重の役割を期待された自治庁の権限の拡大強化であった。

ともあれ、基本的な対立軸についていえば、（一九八〇年代の「小さい政府」論と共通する）「行政の『経済効率化』」路線（3・六四頁）を指向する勢力と、戦後民主主義の制度が生んだ住民サービスの拡大を確保しようとする（「福祉行政の発展」（6・五六頁）を指向する）勢力および自治体労働者の既得権を擁護しようとする勢力との対立を主軸としていた。筆者の用語でいえば、経済的自由主義と社会民主主義との対立軸を構成していたといってよい(15)。

まず、大蔵省の見解を見よう。それは、地方制度調査会財政部会での舟山次官の次の発言に端的に示される。「地方財政赤字の要因を検討すると、第一に庁費、即ち行政費人権費の膨張があり、思いきった行政整理が必要であること、第二に社会労働施設費が急増し、福祉国家、文化国家ということを急ぎすぎた嫌いがある。それから戦後地方財政の膨張を阻止する機関がなくなっていることである」（2・五六頁）。この意見は、財界によっても強く支持されている。これがまた、（「均衡財政信奉者」である）政府首脳の見解でもあった（2・六六頁）。ここから、「地方財政赤字の原因は知事の公選制にある」（2・六七頁）として、知事官選への復帰の主張も生まれる（道州制の主張も同様である）。

ところで、政府首脳、財界の「行政の経済効率化」路線は、「誤りはすべて国民側の『政府依存』や地方団体の『架空な糊塗策、予算への便乗主義』にあるという教説（ドグマ）」（2・六六頁）の上に成り立っている。そしてその前提には、「国民に対する猜疑心」が存在しており、それが国民に対する高圧的態度として現れる「権威主義」の温床となっている（2・六六頁）とされる。卓見ではあるが、権威主義というネーミングは、ミスリーディングである。むしろ、テクノクラート的な背景をもつ「反

（大衆）民主主義」的メンタリティと呼ぶのが適当であろう。さもないと、（これまでに本書で取り上げてきた研究において）逆コースの背景にあるとされた前近代的政治文化に根ざした伝統的権威主義との異質性が曖昧になるおそれがある。

国民に対する不信感を基礎とするという共通性にもかかわらず、政府首脳における大衆民主主義批判ないしは社会民主主義批判の根拠となっているのが、伝統的権威主義ではなく、右傾化の契機を欠いた「小さい政府」を指向する経済的自由主義であることの意味は看過できない。

戦後日本の社会科学は、右傾化勢力と経済的自由主義との保守勢力における（あるときには共鳴し、あるときには対立、相殺する）二つの勢力を区別してこなかった。というより、経済的自由主義路線のもつ政治的意味を等閑視し、右傾化の動きを保守党の中心をなすものと考え、その前近代的な社会的背景を分析してきたのである。しかし、経済政策という経済体制にかかわる争点で、ドッジ・ライン以後の数年間、戦後政治を主導したのは、この自由主義路線であって、右傾化勢力ではなかった。この論点は既に別の機会に詳説したので[16]、ここでは繰り返さないが、戦後政治学は、再軍備、安保改定、憲法改正、教育、治安政策などのファッショ化の危険をもつ政策領域に関心を集中したために、（河中の研究を例外として）財政、金融、労働などの広義の経済政策の政治的インプリケーションをとらえ損なったといわざるをえない。この等閑視は、本来社会主義という経済争点を前面に出すべき政党が、再軍備、安保の問題、そしてそれと密接に関連した（破防法、警職法など）治安政策を最重視してきたことの反映でもあった。

そして、重要なことは、この自由主義と大衆民主主義との対抗関係は、河中の分析が鮮やかに示しているように、何よりも保守党内部の対立として登場し、社会主義政党がその一方の勢力を側面から支援する構造をなしていたことである。

以上の認識をもとにしてはじめて、辻清明が述べた（前述の）知事官選論や道州制の主張の背後にあった政治的な背景が理解しうるのである。この種の反動に影響力を与えていたのは、何よりも経済的自由主義のもつ反民主主義的傾向であったのである。それが、右傾化勢力とは一線を画した「支配層」の実態である。

ところで、アメリカ政治学から学んだグループ論的なモデルでは、（エリート内部の錯綜した対立の存在の認識を越えて）こうした対立の「構造」を理解することは不可能である。グループ理論では、すべてのグループが短期的な利益追求をめざし、集合離散を繰り返すことを想定しており、恒常的なイデオロギー対立の存在をモデル化していないからである。その結果、河中は、この構造の理解に際しては、グループ論的解釈を離れて、この時期に支配的であったモデル、すなわち、支配層対大衆という対立図式に依存している。そのために、圧力団体（およびその圧力を受ける政権首脳）を二つの種類に分類するのである。「政権の中核体と最も影響力のある圧力団体首脳」、換言すれば「最有力集団（トップ・レベル・グループ）の首脳」（具体的には財界）と「他のいろいろの強弱多様の圧力団体」との区別（6・五三頁）がそれである。こうして、圧力団体という概念を使いながら（エリート内部の対立の存在を認識しつつ）、グループ論的な限界を乗り越えようとしたのである。そして、さらに、「財界首脳と内閣・与党の首脳陣」からなる（そしてその背後にアメリカの支持・圧力をもつ）「支配グループ」の概念（3・五四頁）を導入し、それ以外の政治勢力との対立の構造をとらえようとした[17]。

しかし、なぜ財界首脳がそうした特権的影響力をもつのか、あるいは、なぜこの「支配グループ」が支配的な力をもちうるのかについては、単なる解釈上の操作では、説明がつかない。河中は、むしろそのことを説明を要しない自明のこととみなしているように見える。前述の岡義武らの場合と同様、支配層という概念がここでも、追求停止をもたらしているのである[18]。

さて、政府首脳・大蔵省に対抗したのは、まず第一に、労働組合、なかんずく自治体職員の組合組織（自治労）、および教員の労働組合組織たる日教組であり、国会では社会党によって代表された。このグループは、「地方自治擁護」を旗印にしたところに端的に示されるように（3・三五頁）、大蔵省の攻勢を、戦後民主主義の一つの柱である地方自治そのものへの挑戦と（正しく）受けとめ、大衆的運動の展開を試みた。具体的には、「住民に対する行政サービス」の確保の要求を代弁し、さらに「自治意欲」の喪失への懸念を表明（4・六七頁）したのである[19]。

しかし、政府に対する影響力という点で、より重要なのは、地方公共団体の連合体と保守党勢力とであった。まず、地方政府による働きかけを見よう。

そもそも本争点の発端は、一九四八年に地方自治法の本旨にもとづいて設立された地方財政委員会に対し、設立当初から、大蔵省が、財源措置の切り下げを要求して攻撃をかけ、均衡財政を求めるＧＨＱの財政担当部局、自由党内閣首脳、財界、銀行界などがこれを支援したことに始まる。具体的には、

（国家公務員に比較して）高すぎる地方公務員給与の抑制、地方職員の人員整理と機構の再編・簡素化、失業対策・清掃事業などの事業の抑制、（自治体が不熱心な）徴税の強化を掲げて、攻勢をかけた。地方財政の窮乏は、地方自治経営の「拙劣」が原因であるというわけである（1・八八頁）。この方針は、ドッジ・ラインとして現実化し、地方財政当局が窮地に立たされたのである。したがって、この動きに真っ先に反応したのが地方政府であったことは当然である。全国の地方政府は連合組織を結成して、これに対抗する動きを開始した。全国地方自治協議連合会（全国知事会の前身）や府県議長会による出先機関廃止の運動、あるいは、市長会、町村長会の親睦団体から圧力団体への脱皮がそれである。地方自治体による反対は、住民の利益とは別個の「地方団体の利益」の側面がないわけではなかったが（1・八二頁）、その背後に、住民の要求を地方政党や末端の窓口職員や、各種委員、さらには職員組合を通じて社会的圧力として受けていた（1・七〇～七一頁）ことも見逃してはならない。

以上の動きを受けて（地方財政委員会の事務局を母体に一九四九年に発足した）地方自治庁が、大蔵省に対抗して、自主財源確保のために邁進した。地方自治庁が中心的な役割を演ずるようになっていったのは、さまざまな副次的な対立、たとえば、財源の配分をめぐる市町村と府県との対立、大都市制（後の政令指定都市）設置をめぐる大都市と府県との対立、（議員定数をめぐる）首長と地方議会との対立、農業県と工業県との対立（1・八〇～八一頁）などによって、地方政府が自ら統一した運動を組織することに困難を感じたからである。あるいは、特定の自治体が抜け駆け的に、「恩恵や補助を期待して陳情に身をいれる」（5・八三頁）という動きも広範にみられたからである。全国の地方政府の利益、あるいは「地方自治」の理念を大局的に代表する存在としては、こうした意味で中立的な（いずれの地方にも偏らない）自治庁が最適であったのである。[20]（自治庁の職員を占める旧内務官僚は、地方政府の全国組織の事務局にも人材を供給していた。）

保守党の場合はどうであろう。野党であった改進党や、吉田に対抗した鳩山派の場合は、政府の方針に反対するのは当然であるが、与党においても、陣笠代議士をはじめとする統治の責任から解除されたグループは、大蔵省に対抗して地元の利益を代弁した。「地方に対する政府の施策や補助の有無は、ただちに政府与党の代議士の選挙地盤をあずかる地方有力者（市長村長や地方議員など）の大衆掌握に影響があり、このことは与党の地方政治家出身の代議士のとりわけふかい関心となっていた」（6・四五頁）からである。そして、政府・大蔵省に対する反撃は、保守党同士が対決する国会に集中し、国会による政府の牽制が高まる一方で、「政府与党内の行政部的色彩と反行政部的色彩（党人）との二派の分裂」（2・三八頁）という現象が生まれた。[21]さらに、鳩山政権の誕生は、「地方政治が政党をとおして政府の施策に対して政治的に働きかけ、財政的な譲歩を政府財政からかちとる方向を助長した」（3・五六頁）。そのため、鳩山内閣時代、大蔵省は、与党（民主党）政調会から「まるで反対党のような扱いを受けた」（3・六七頁）という。

ところで、この時期は、歴史的にみれば、吉田内閣による自由主義的反動が一九五四年度予算編成で頂点に達し、その後は、保守党内の大衆民主主義による「大きい政府」に向かう力が徐々に拡大していった時期である。[22]政策決定構造の上からいえば、政府に対する与党の力が徐々に拡大していった時期、今でいう「党高政低」の傾向が強まっていった時期である。特に、講和以後は、それまで占領軍に支えられて国内勢力からは「超然的地位」をとっていた政府（首脳）が、社会勢力からの反撃を一層強く受けるようになった。保守党が二分、さらには（鳩山派自由党が割れて）三分されていたために、その傾向は一層加速されていた。したがって、地方レベルからの反発は、年を経るごとに強まり、大蔵省はますます守勢にまわらざるをえなかった。

にもかかわらず、大蔵省の主張する地方財政の「圧縮・削減措置の強行」（６・三七頁）が一九五六年に再建措置法として結実することになったのは、なぜだろうか[23]。一つの解釈は、さまざまな政治的圧力の登場にもかかわらず、戦前以来の官僚優位の体制は、基本的には崩されていなかった、というものである。そして、その延長上に、財界を含む支配層の隠然たる勢力の存在が指摘される。もう一つの解釈は、後に述べるように、補助金などによる恩恵的な「一本釣り」によって、自治体が中央の支配に組み込まれていったというものである。先にも述べたように、河中は基本的には前者の解釈をとっている（１・六七、６・五五～五六頁[24]）。しかし、同研究には、第二の解釈も動員され、戦後保守体制のもう一つの側面に光が当てられている。以下では、それを見ておこう。

河中によれば、地方政府は「放漫財政」、「人気取り行政」を責められて、事業の整理、人権費の圧縮を進めるが、他方で、中央からの操作も加わって、補助金の引き出しに尽力する。それによって、補助金立法が生み出されていくのである（２・四二頁）。「外郭団体が各省の補助金をつくり出すことは、中央官庁の〔地方に対する〕統制強化……となるし、地方は『財源』としての補助金をうるし、そして議員は〝選挙地盤〟を培うことができるし、官僚は議会進出の水路をつくる」（2・四二〜四三頁）。大蔵省への抵抗を通じて保守党型の「大きい政府」が誕生していくのである。このように、地方の要求が、分権的自治の強化という方向にではなく、政党と中央官庁を媒介とした、中央からの利益の還流という方向に向かったことを同研究は明らかにしている。

さて、大蔵省と地方政府の間にあって、自治庁の立場は微妙である。一方で、大蔵省に対抗して自治体の窮状に理解を示し、その利益を代弁しながらも、他方で、大蔵省ほどではないが、「地方団体の〝選挙本位の行政のしまりなさ〟を戒める考え方」が強く（3・四六頁）、自らが主導する地方財政に対する監督権強化による財政再建に強い自信と期待を抱いていた。また、自治庁は、大蔵省とともに、「補助金制度に対して疑惑をもっていて、この整理を主張し、政治家がこの補助金引出しに奔走することを封じようとする態度」を示した（3・六一〜六二頁）。

自治庁の監督権強化の方針は、一九五五年に国会提出された「地方財政再建整備促進特別措置法案」に結実した（4・五五頁）[25]。しかし、法案のこの部分には地方自治体からの超党派の反対を受け、大幅な修正が加えられた。他方、予算編成をめぐっては、地方団体が知事会を中心に平衡交付金の増額を要求、自治庁もこの線に沿って働きかけを続けていた。

地方自治体と自治庁との間の不信感や利害対立の存在にもかかわらず、自治体が大蔵省との対抗のために自治庁に依存した背景には、自治体が相互の競争と足の引っ張り合いのために、共同行動のための自主調整ができないという事情があったことは既に述べたとおりである。自治庁が地方自治体全体の利益を代弁する以外になかったのである。(連邦制に向かうような) 自治能力が欠如しているという他ないが、基本的には、日本の政治・行政に広く見られる業界と監督官庁との関係と同じものである。自治庁・自治省の権限の強さは、(業界の場合と同様) 自治能力の弱さの反映に他ならない(26)。こうして、中央で地方の利益を代弁し、大蔵省に対抗してくれる役所として、自治庁の権限が拡大していったのである。大蔵省からは、地方への監督を期待されながら、である。

むすび

これまでみてきたように、河中の研究は、エリート内部の対立と調整の過程を微視的に分析した、当時としては珍しい研究である。しかし、エリート内部の対立に焦点をあてたこのような研究の意義は、エリート (「支配層」) と大衆との対立を基本的な対立とみなす、当時の政治学の枠組みからいって、十分に理解されなかったように思われる。河中の業績がその後の日本政治学に十分継承されず、一九六〇年代末に福井治弘の自民党研究 (『自由民主党と政策決定』) が登場するまで(27)、イシュー・アプローチにもとづく後続研究が登場しなかったのは、こうした理由が一因となっていたのではあるまいか(28)。さらにもう一つの理由として、政策決定分析は、制度論的、法律論的な接近と較べて (用いる情報の出所も影響して(29)) ジャーナリスティックな印象を与えるものであり、単なる「内幕」についての知識にすぎないと軽視される可能性もある。学問的に認知されるには、外国の理論研究の成熟を待つ必要があったという点も見逃せない。特に、当時の学界では、外国研究、より正確には外国語による (レヴュー・エッセイ風の）文献研究こそが真の学問的研究であり、（戦前についての歴史研究は別として）現代日本を対象とすることは、学問の名に値しないとの風潮が強かった[30]。加えて、政治学者の間では地方自治研究は、行政学が扱う専門的分野とされており、河中の研究が部外者にとっては難解な地方財政をテーマにしたことも災いして、一般の政治学者に広く読まれるには至らなかったという事情もあったのかもしれない[31]。

また、河中の研究の弱点についていえば、イシュー・アプローチが成功する条件の一つ、すなわち、経緯の叙述にアクセント（や脚色）を付けて読み易くする工夫がなされておらず、読者に過度の緊張を強いるという難点がある。政策決定分析には、多様なアクターが登場し、対立がさまざまな局面をもつことが望ましいことは既に述べたとおりであるが、それだけに叙述をある程度単純化したり、詳しい叙述の後、経緯やアクターの立場を再整理したりすることが不可欠である。自転車操業的な連載を行ったためか、同稿にはこうした工夫がまったく欠けている。ケース・スタディの成功が、文章力と叙述の構成力とに大きく依拠することを、十分自覚していなかったといわざるをえない。

こうして、河中の研究は、一九五〇年代末に先駆的な日本政治研究の可能性を指し示す研究として登場しながら、単発的な政策過程研究の業績に終わった。しかし、その内容が、本書でこれまで検討してきた諸研究では等閑視されていた逆コースの重要な一局面を理解するうえで、貴重な視座を提供していることは、以上の考察が明らかにしえたと考える。

(1) 第三三巻（一九五七年）第一~四、六、一二号。以下本文での引用は、（1・五五頁）のように、括弧の中に、連載回数をアラビア数字で記した後、頁数を記す。

(2) 同法のその後の実施過程については、河中「地方財政再建政策と中央集権」（『法律時報』一九五七年七月号）に触れられている。

(3) さらにその過程で、議員立法としての町村合併促進法についての研究を行っている（「議員立法形成過程の行政学的考察」『自治研究』一九五六）。

(4) アメリカ政治学の日本の学界への紹介には、辻清明が大きな役割を演じたといわれているが、河中も辻を通じてこの分野の研究に接したと思われる。河中の参考文献にも、辻の『行政学講義（上）』東京大学出版会・一九五六、「社会集団の政治機能」（長浜政寿・辻清明・岡義武『近代国家論・第二部・機能』弘文堂・一九五〇）、『政治小辞典』などが挙げられている。

(5) イシュー・アプローチによる本格的研究は、Stephen Baily, *Congress Makes a Law: The Story behind the Employment Act of 1946*, Columbia University Press, 1950 および、Richard C. Snyder, H. W. Bruck and Burton Sapin, *Decision-Making as an Approach to the Study of International Politics*, Free Press, 1954 を嚆矢とするが、この新しい潮流には、辻や河中を含む日本の学者たちは未だ接していなかったと思われる。加えて、河中の挙げている文献の多くは、グロスやフリーマンのような特殊アメリカ的制度（たとえば議会）の研究か、トルーマンやイーストンのような抽象度の極めて高いモデルの提示であって、日本の政治過程の理解にもあまり役にたたないものである。その結果、具体的な分析にはほとんど生かされていない。今日の学界状況であれば、直輸入にたよらないオリジナルな仕事であると評価もされようが、当時としては、十分な外国の理論研究を踏まえていないとマイナスに評価されたようである。この点については、「むすび」で改めて論じたい。

(6) 升味準之輔も、当時の政治過程の変貌を見るための手掛かりとして、この争点を取り上げ、河中の業績に依拠しながら検討を加えている（岡義武編『現代日本の政治過程』三三三~三三八頁。また、阿利莫二「地方六団体」『年報政治学・日本の圧力団体』参照）。

(7) 拙著『政策過程』東京大学出版会・一九九〇参照。

(8) もっとも、過程分析が政策評価・批判と無縁なわけではない。それどころか、前者は、後者のための前提としての意義をもつものである。したがって、河中が連載の結論部分(第六回)において過程分析を基礎に政策の(厳しい)評価を行っていることは、まったく正当である。

(9) 冒頭の「方法」と題された理論モデルの検討の部分で、政界のトップ・エリート(「支配的グループ」と呼ばれる)や、知事や議員グループ(「準支配グループ」)など、元来は、広義の「政府機関」を構成する集団が、「財界」エリートや実業家のグループなど本来の社会集団と同じカテゴリーに分類されている。また、本論の叙述において、大蔵省や自治庁などの「政府機関」が、これらのグループと同列のアクターとして分析される。トルーマンやレイサムらのグループ理論、あるいはアーモンド・パウエルらの構造機能分析が、官僚組織を「制度的利益集団 institutional interest group」として概念構成するのと同様の手法をとっているわけである。

(10) 以上のようなグループ理論的モデルとは別に、河中は、もう一つのモデルで当時の日本の政策決定構造をとらえようとしている。すなわち、講和後には、「特殊利益の実現を政策に織り込もうとする諸利益集団が、いわゆる『大衆動員』をかけて政治から疎外されかけている中間層を利益の主張でそれぞれ獲得・組織化する傾向がかえって強まってきた。この政策形成の場として国会の『常任委員会』が機能を示しはじめ、そこでは政府と各政党による政策調整が行われながら、一方で、特殊利益の交互の集団的圧力に操作された政党の分科会幹部と行政幹部とが共通の『専門』分野で意見を調整しつつ政府(内閣とか他の省)をつきあげる動きが活発になった」(2・三八頁)。この指摘は、前掲のグロスやフリーマンらのアメリカ議会の研究者によって抽出されてきた sub-government(あるいは「鉄の三角形」)のモデルに示唆されて、これと同様の構造が日本にも登場してきたことを主張したものである。重要な発見ではあるが、河中の研究は基本的にこの sub-government 間を調整する第二のレベルの政策過程を扱っており、レベルの違いが存在しているにもかかわらず、彼自身は、この二つのレベルを明確に区別できないままに終わっている。

(11) 戦後政治の発展の上では、この時期は、例外的に「国会中心主義」となった時期である。河中の研究が扱った再建促進法が当初議員立法で国会に提出されたり、その後改めて政府提出となった後も、衆議院地方行政委員会で、自由党と民主党の間で調整され、修正を受けたりしたことに、当時の国会の重要性が示されている。しかし、保守合同とともに国会は急速に調整機関としての意味を後退させていくことになるが、同研究は、それ以前に既に、自治庁が徐々に権限を拡大し、政党や地方団体に代わって地方の利益を代弁する存在として自らを確立していくにつれ、この政策分野では、国会における調整と省庁間調整の比重を変化させていったことを、明らかにしている。

(12)　より正確には、「大衆の概念が、エリートとの関連で概念規定されず、その結果、実際の分析には用いられていないために」というべきであろう。「方法」の部分では、「大衆的社会組織」(1・六三頁)、「大衆の流動的な〝無言の圧力〟」(六四頁)といった表現で、モデル形成においてその概念が導入されているからである。しかし、その概念が実証分析の用具に使えるほどに操作化されていないために、たとえば、投票権を媒介として保守政党に「組織」されている「大衆」の利害（ないしは利害要求）の影響はまったく無視される結果となっている。「政治支配から疎外されている多数大衆は、支配の末端において権力に従属させられ、孤立分散したかたちで選挙の投票の一票にすべてを託し、政治社会の一微粒子と化している」(1・六三頁)という表現は、当時一般的であった(「支配層」と「大衆」という)日本政治についてのイデオロギー的解釈の単なる表明であり、河中の詳細な実証研究から導かれる結論とは到底言い難い。

(13)　河中自身による町村合併反対運動の調査がそうした研究の一例である(「町村合併と村落共同体」『国民の科学』一九五五・八月号)。

(14)　(注19で)後述する「住民」と自治体職員との敵対関係の指摘がその好例である。

(15)　拙稿「戦後保守体制の確立――日本と西ドイツにおける戦後史の軌跡」『レヴァイアサン』臨時増刊・一九九〇。

(16)　拙著『アデナウアーと吉田茂』中央公論社・一九八六、同『二つの戦後・ドイツと日本』日本放送出版協会・一九九二。

(17)　おそらく後の新国家論のように、政権首脳（および大蔵省、財界首脳）を国家を代表する存在として、それ以外の（政府内部の機関を含めた）政治的アクターを社会を代表する存在としたうえで、国家対社会という対立図式で概念規定すれば、理論的にはさらに明確なものとなったであろう。あるいは、ネオ・マルクス主義者のように、資本蓄積と正統化という区分で切ってもよい。河中自身、こうした分類を模索していたわけであるが、残念ながら、萌芽的なままにとどまっている。そのために、グループ理論的な理解との本質的なズレが意識されないままに終わった。当時の学界の理論的水準からいえば、当然のことであるが。

(18)　もっとも、ある箇所では、大蔵省と財界との基本的な意見の一致が、財界による影響力行使の結果と見なされる（3・六二頁）。「財界に忠実な大蔵省」という表現は、その一例である。そして、財界の意思伝達の場として、審議会が重視される（4・七六頁）。財政懇談会などが、大蔵省の内面指導の場となっているという世評（5・七二頁）にもかかわらず、である。C・W・ミルズやドムホフらのエリート理論と同様の方法論的誤りに陥っているわけである。

(19)　しかしながら、住民の側の「大衆的盛上がりはなかなか難しく、関係者たちの特殊利益（special interest）関心にとどまって、住民大衆や世論は〃赤字財政〃の解消に漠然たる関心を示すにとどまっていた。……〃中央集権〃に対する反感も、自治体の〃役所〃に対する日常の反感と混合して」自治体職員による反対運動には結集することができなかった（4・六二頁）。「住民からみると、自治体職員の人件費がかさむことが財政窮乏・税負担加重の原因と考えられがちで」（6・四四頁）、「行政整理に対しても現実の不便が切実に感じられるまで住民大衆には関心が少なかった」（4・六三頁）。その前提には、「住民の地方自治体に対する日頃のうっ積した不信感――役所で手続きする際にうける重圧感や、役所が改善されず施設を改善しないことへの失望感や、又、役所から受ける屈辱感などの集積」（6・四三頁）が、自治体職員に、さらには職員組合に転化されていた、という事情があった。（ここでの議論は、後にアメリカの都市政治学において street level bureaucracy の問題として取り上げられる議論を先取りしたものであり、高く評価したい。）住民レベルで、ある種の「小さい政府」論が存在していたといってもよい。

(20) 地方六団体におけるセクト主義については、阿利莫二・前掲・五三～五六頁参照。

(21) 他方で、社会党系に支持された知事が人員整理を断行したり、再建計画を熱心に推進したりしたところもある、という（5・八二頁）。統治の責任の自覚からというべきであろう。

(22) 「議会政治の側から練り出される福祉行政の発展への国民大衆の広範な要求は、地方財政の支出をひきおこさざるをえない」（6・五六頁）情勢であったわけである。拙稿・前掲「戦後保守体制の確立」参照。

(23) もっとも、その直後には、地方交付税率の三％の引き上げが成立し、大蔵省が後退を迫られており、その勝利も最終的なものでなかったことも、見逃してはならない。

(24) この官僚優位論が徹底すれば、グループ理論よりは、G・アリソンの「政府内政治・官僚政治」モデルに近似することになり、叙述や分析はもっぱら官庁間の調整に焦点を当てることになろう。しかし、河中が描いた実際の政策過程においては、大蔵・自治の調整は、再建措置法に関する限り、政府案決定の短い期間に主導的位置を占めたのみであり、この結論とは必ずしも一致しない。

(25) この法案は、同時に、地方議会の審議権を制限し、首長の権限を強化して、中央の代行機関化することに道を開くものであった（4・五八頁）。

(26) もっとも、日本の業界はむしろ監督官庁を支配しているとの見解もある。その典型は、Frances M. Rosenbluth, "Financial Deregulation and Interest Intermediation," in Gary D. Allinson and Yasunori Sone eds., *Political Dynamics in Contemporary Japan*, Cornell University Press, 1993（芹澤幸子訳「金融規制緩和と『虜理論』」『レヴァイアサン』一九九三）であろう。このモデルは、アメリカの官庁の「顧客主義」としてよく知られたものである（Marver H. Bernstein, *Regulating Business by Independent Commission*, Princeton University Press, 1955; Grant McConnell, *Private Power and American Democracy*, Alfred A. Knopf, 1966）。この前提に立つと、地方自治体がなぜ自治省を支配できなかったか、その条件を探ることが研究課題となろう。

(27) もっとも、開発行政の分野では、河中自身による先駆的業績、「地方自治と総合開発」『自治研究』一九五四をはじめ、佐藤竺『日本の地域開発』未来社・一九六五、大原光憲・横山圭次編『産業社会と政治過程――京葉工業地帯』日本評論社・一九六五などの優れた業績がある。

(28)　筆者自身が多元主義的なモデルによって日本の政策決定過程についての研究成果を公表し始めた一九七〇年代末ですら、こうした研究はエリート内部の対立にのみ焦点を当て、大衆（ないしは大衆の利益を代表しているとされる反政府勢力）と政府との、「より重要な」関係を無視しているとの批判を浴び、研究の意義それ自体を疑問視する風潮が残存していた。

(29)　河中の研究が業界紙とでもいうべき『自治日報』記事に大きく依拠していることは、注を一瞥すれば明らかである。

(30)　河中のこの業績に対しても、外国語文献の引用が少なすぎるために低い評価しか与えられなかったようである。日本についての研究は、片手間にすることが望ましいとさえみられていたわけである。今日からみれば隔世の感がある。もっとも、一九七〇年代末から八〇年代初頭にかけて登場した若手研究者たちによる日本研究が当時の学界に受け入れられた背景には、この世代の研究者がアメリカの最新の政治学を学び、外国語文献を華麗に注にちりばめつつ、「理論武装」していたという事情があった。彼らの研究もまた、「外国」（むろん欧米の意味である）の権威によって支えられていたのである。

(31)　河中の本論文が掲載された『自治研究』は、自治官僚及び行政学・行政法関係者の「業界誌」といった性格が強く、そのことも、本論文が一般の政治学者に広く読まれることを妨げたと思われる。

第六章　労働争議の実証分析
――社研「労働争議研究会」の系譜――

石田雄がいうように明治国家の基盤が地主制を中核とした村落共同体にあったとすれば、戦後国家の基盤は、工業社会における生産と分配の中核組織としての大企業が担うことになったといえよう。だとすると、天皇制ファシズムという「反動」の根源を村落構造の変動に見るのと同様、戦後の一連の「反動」政策の根源もこの大企業構造における変動から理解すべきである、ということになろう。あるいは少なくとも、企業内権力構造の変動が、たとえば占領軍や自民党による「逆コース」政策と関連をもっていたかどうか、もっていたとしたらどのような構造的関連であったのか、を問うことは、戦後政治の理解にとって不可欠の検討課題である。戦後、こうした角度から大企業の内部的権力構造の分析を試みてきた研究に、左派の研究者による争議研究がある。ここでは、その代表的な争議研究として、東京大学社会科学研究所のスタッフを中心とした「労働争議研究会」による調査を基礎に、藤田若雄、塩田庄兵衛が編者となってまとめられた『戦後日本の労働争議』（御茶の水書房・一九六三）を取り上げたい。(1)この著作は、社研を中心に行われてきた一連の研究成果の中で、一つの集大成的意味をもつものであり、

表2 労働争議研究の対象一覧

	産労調査（1945・46）	争議調査（1948〜51）	争議研（1960〜63）	戦後改革（1969〜74）争議史研（1979〜90）
戦後動乱期（45〜49）	京成電鉄 45			**読売** 45・46
	江戸川化 46	**三菱美唄** 46		**東芝** 45・46
	東芝車輌 46	電産10月 46		**国鉄** 45〜49
		東洋時計 46		電産10月 46
		小松製作 47		
		東宝 48		**東宝** 48
		帝石 48〜49		
		国鉄 49		
		東芝 45〜49	**東芝加茂** 49	**東芝** 49
過渡期（50〜54）				電産 52
			日産 53	日産 53
			東邦亜鉛 53	
			尼鋼 54	
			日鋼室蘭 54	
高度成長期（55〜73）			**精工舎（下請）** 55	
			国鉄新潟 57	**鉄鋼** 57・59
			王子 58	
			北陸鉄道 59	
			三池 60	三池 60
			病院 60・61	
				三菱長船 64
				全軍労 72
石油危機以降				**「スト権」スト** 75
				全通反(生) 78
				ペトリカメラ 77〜78
				日産厚木 79
				佐世保 79〜80

注：1. 表頭は調査名ないし研究組織名で略称．正式名称は左から，日本産業労働調査局・東京帝国大学社会科学研究会・早稲田大学社会科学研究会による「工場調査」，労働問題調査研究会による「労働争議事例調査」，労働争議研究会による『戦後日本の労働争議』，労働争議史研究会による『日本の労働争議（1945〜80年）』．

2. 数字は西暦年（20世紀）を示す．ただし表頭は研究時点，表側および各欄内は争議時点．

3. ゴシックは最終報告の発表されたもの．他についても中間的報告は残され，その多くは印刷されている．

出典：山本潔「労働争議の研究史について」『社会科学研究』第42巻3号，1990．

内容的には、一九五〇年代の争議を中心に一〇の事例が各章ごとにまとめられている。(社研による争議研究の歴史は、表2参照のこと。左から三番目の「争議研」とあるのが、同書に収録された調査である。)五〇年代の「逆コース」との関連を検討するには、格好の素材である。加えて、経営学などによる労使関係研究とは異なり、これらの争議研究者たちは、労使関係を何よりも権力関係としてとらえるところに特徴があり(2)、その意味では、企業に関する政治学的アプローチを代表する。政治学者にとって見過ごせない業績であるのは、そのためでもある。

ところで、『戦後日本の労働争議』の各章の執筆者たちは、いずれも強い実践的関心をもった左翼の理論家たちであった。そのため、同書では、戦術上の失敗やその原因、将来に向けての教訓といった争議戦術の(実践的)評価が大きな位置を占める。また、同書には、争議の経過をまったく記述的に報告したような論稿もあれば、アメリカの社会学的、社会人類学的争議研究に触発されて分析を行った理論的に高い水準の実証研究(3)もあって、内容的な統一に乏しい。そこで本書では、「逆コース」の背景としての五〇年代における企業内権力構造の検討という点に関心を絞って、二つの論文だけを取り上げ、検討を加えることとする。

一　北陸鉄道争議

まず、森直弘による「北陸鉄道争議」(第八章)を取り上げたい(4)。地方の一事件にすぎない北鉄の争議は、読売争議や三井三池争議などの歴史的事件と違って、歴史的な背景や意義を捨象して、一つの独立のケースとして分析できるという利点がある。そして、森自身、こうした観点から、当時の政治状況などをほとんど捨象して、企業内部の権力闘争を分析してみせている。[5] そのことによって逆説的に、(当時のマルクス主義的な体制分析の枠組みを一旦離れて) 一九五〇年代の経済的次元での「反動」の根源を実証的に摘出し、そのうえで改めて当時の岸内閣による政治的次元での反動との関連を検討することを可能にする材料を提供している。

ここで扱われている北陸鉄道争議は、一九五九年一一月に北鉄労組が提出した (労働時間の短縮などを内容とする) 労働協約の改訂要求と二・三ヵ月の「越年資金」要求とに対し、会社側が全面拒否の態度をとり、さらに、この機会に就業時間中の組合活動の制限などを逆提案して組合の既得権に挑戦する態度をみせたことに始まる。そして、四〇日間にわたって三日に一回の全線ストという激しいストライキが繰り返され、[6] 地域社会にも大きな影響を与えた。北鉄にとって創業以来もっとも大規模で熾烈な争議であった。本争議の性格は、それまで戦闘的組合に押されていた経営側が、企業再建の一環として労務管理上の「経営新体制の確立」を試みたものであり、生産性向上のための「合理化」の試みであったといってよい。結果的には、労組の側はこの時期の同様の争議につきものの組織分裂による敗退を免れ、経営が総退陣して争議は終結した。しかし、経営による反撃を受けて、終始労組が既得権の擁護のために防戦にまわった争議であった点が重要な特徴であった。

挑戦を受けた組合の既得権の背景として、五九年までの前史を簡単に見ておこう。「北鉄における労務政策は、〔五八年のデフレ以来〕大きく転換を開始しつつあった。――北鉄の労使関係は、〔一九五二

〜五三年の激烈な争議のあと」五四年、野根長太郎氏が社長に就任していらい労組懐柔方式の状況下にあった。ストライキを回避し、激突を排してきたわけである」（四三三頁）。そのため、会社側の言い分によれば、従来の協約は「全国一ともいえる。例えば組合集会の時間が労働時間の中に含まれていたが、こうした組合集会の時間を合計すると、会社は三十人ぐらいの余剰人員をかかえているみたいなもの」（四三七頁）で、加えて高賃金が経営を著しく圧迫し、不況下で赤字経営を生む原因となっていた（四四一頁）のである。

さて、「この労務政策は、やがて県下財界から、企業危機を招く原因であり、資本の弱腰、妥協的すぎるものとして批判と非難をあびるにいたった。さらに、迫りくる大資本の地方進出にたいするそなえからも、〔「野根方式」は〕後退を余儀なくされるにいたったと考えられる。そこで、〔株主総会が野根社長を会長に祭り上げるなど〕北鉄経営首脳部に、移入人事、昇格人事をもって、経営の刷新をこころみ、対労組まきかえしに出て、五二・三年当時のごとく強硬策に復帰したのである」（四三三頁）。そして、五八年の「不況の深刻さと収入減ないし収入の伸び悩みを、従業員に印象づける」キャンペーンを実施した。そのうえで、賃上げや年末のボーナス要求に対して、「企業危機を楯にとって、徹底的に抵抗する方策がとられた」（四三三頁）。[7]

五九年末におけるストライキの繰り返しは、地元商店街などの強い非難を受けたこともあって、労働協約については、双方が妥協して、石川地労委の斡旋を受け、棚上げのうえ「休戦」した。しかし、「越年資金」についてはさらにこじれた。そして労組の側が、内部的に団結を固めるとともに、安保、三池の全国的闘争を背景として、県下の他の交通企業や他産業の労組の支援（「地域共闘」）を受け、経営側の動揺を引き起こした。その結果株主総会は、野根に再び社務を統帥させて、労組の要求をほぼ入れる形で、解決がはかられた。「資本の攻勢」は、一時的にしろ後退し、「懐柔労務政策」（四七四頁）に復帰することによって、争議は終結したわけである。

ところで、北鉄労組は、組合結成以来、内灘軍事基地物資輸送拒否闘争を含む激しい闘争歴を誇る戦闘的組合であった。そして、争議当時には、大衆的、「民主主義的運営」をもつ職場闘争委員会組織が団結の要となっていた（四五七頁）。この日常的な職場闘争の結果、「職制の権威の崩壊」といわれる現象が見られたのである（四五八～四五九頁）。この組合の普段からの組織力は、争議の際にいかんなく発揮された。「他労組に出むいて闘争実体報告（七〇カ所）をおこない、大衆動員延一万三百人（一人四回平均）、青年層の家族訪問、自主的な家族集会となってその威力を発揮した」（四五八頁）という。

争点となった労働協約は、一九五二～五三年の無期限全線ストによって勝ち取られたもので、前述のように「全国的な手本」とも呼ばれていた。それが、高賃金を支えて経営を圧迫していた。この争議が何よりも、「労組の体質改善」、すなわち、経営権の確立を争点としていたことは、経営側が「〃ゼニカネの問題ではない〃、〃労組の行儀なおし〃を公然とうたっていた」（四五四頁）ことに象徴的に示される。経営の側からは、労組による職制麻痺こそが、生産性向上のための合理化への最大の障害と受けとめられていたのである。五七年以来、経営側は反撃のチャンスをうかがっていたものと思われる。(8)

「これにたいし、労働すなわち労組にとって、この争議を支えた精神的支柱は『組織防衛』であった。

……組合は、終始、攻撃というよりは組合破壊策にたいする防御の姿勢をとっていた」（四五四頁）。非妥協的な対決が生じざるをえなかったゆえんである。

ただ、この「職制の麻痺」、労働者による「職場支配」の実態がいかなるものであったかについては、残念ながら詳しい叙述がなく、当時の権力闘争の前提としての企業内権力状況をここでこれ以上検討する手掛かりはない。この点については、三井三池の例を手掛かりに次節で検討を加えることにしたい。本節では、この企業内権力構造を基本的に規定していた北鉄を取り巻く外的な条件を指摘するにとどめる。

外的条件のうちもっとも重要なものは、当該企業がさらされた市場からの圧力である。この条件は、資本家・経営者に、ある程度犠牲を払っても、労務政策を転換せざるをえないと認識させた直接の契機であるとともに、経営側が労働側に対してその受け入れを説得するリソースでもあった。そして事実、争議の前後に経営側は、経営の危機（「経営赤字」）をアピールし、労働者の協力を呼びかけたのである。また実際、北鉄は、経営危機という市場からの圧力にさらされていた。興銀や北陸銀行など金融機関から「相手にされなくなる」おそれ（四四三頁）が、その具体的な現れであった。加えて、関西の大手私鉄が買収の機会をうかがっているという懸念もあった（四四二頁）。そのため、赤字経営の危機という会社側の主張は、労働者にもかなり浸透したと思われる（四三二、四六〇頁）。こうして企業の倒産という影は、争議中、労働者にもつきまとうこととなった。しかも、最終的に経営側の総退陣によって「勝利」を獲得したものの、労働者は「会社はどうなるんだ」という不安にさいなまれた。労組が「産業としての発展の可能性をくりかえし訴えた」（四六二頁）のはそのためである。いってみれば、市場競争の中にある私企業という制約——資本主義という枠——が、争議に課せられていたのである。戦闘的争議も、その枠の中で、ぎりぎりまで労組が抵抗しえた、ということに他ならない。そして、労組の抵抗力の前提として、二つの好条件があった。

その一つは、北陸鉄道株式会社が、第二次大戦中に企業合同によって発足した会社であり、電車とバスによって石川県の県内旅客輸送の大半をになう地域独占企業であったことである（四六五〜四六六頁）。この独占ゆえに、それまで経営の危機を運賃引き上げでしのぐことができたし、事実、そうしてきたのである（四六八頁）。そしてまた、この独占的体質——市場からの圧力の遮蔽——が、（日経連の側からいう）「経営の無責任さ」を生み出す原因となっていた。[9]争議後の企業再建にあたって、労働者自身がこうした独占の維持を（経営者とともに）期待したのも（四七二頁）当然であろう。地域独占企業であったからこそ、市場の圧力をある程度遮蔽しえ、それゆえに、労働者の既得権を擁護しえたのである。

さらに、北鉄にはもう一つの特殊事情があった。それは「北鉄には、圧倒的支配力をもつ株主がなく、したがって、社長選任は県財界の角逐の中でなされる」という経営内部の不安定さに悩まされていたことである。これが、「経営中堅幹部の養成を困難とし……職場闘争を誘発する原因であったし、職制支配を劣勢ならしめた原因でもあった」（四六七頁）。それがまた、前述のように、争議の決定的場面で新経営陣の態勢が崩れて、後退を余儀なくさせられた主要な原因であった。

日本の民間企業においては、戦後初期から続いていた労働者による職場「支配」は、ドッジ・ライン以後「資本の攻勢」(「合理化」)により、いずれも激烈な争議をへて、ほぼ一九五三〜五四年までには、姿を消している。(後述する三井三池とならんで)北鉄で例外的にこの事態が続いていたのは、以上の特殊事情によるものと思われる。[10] こうした事情は、労働者がどこまで自らの権利を擁護しうるかは、当該組合の組織力以上に、地域独占や(他企業と較べた)競争上の優位など、当該企業が市場圧力を遮蔽する能力いかんに決定的に依存しているという事実を裏書きする。[11] 逆にいえば、企業の受けている市場圧力こそが「資本の攻勢」の原動力であり、労働者の既得権への挑戦たる経済レベルでの「反動」の根源は資本主義のメカニズムそのものの中に存在する、ということである。そこには、前近代的なものは何もない。「近代主義」政治学が、五〇年代の争議の意味を等閑視したのも当然といえるのかもしれない。

以上の点からいって、北鉄の争議は、一九五〇年代の最後の時期の争議でありながら、アメリカ本国政府の主導で始まったドッジ・ライン以後数年間にピークに達した、日本の「反動」(いわゆる「第一次逆コース」)の在り方を典型的に示す事例である。本書第Ⅱ部第四章までで検討してきた政治文化の対立を基底とし、保守党によって主導された「第二次逆コース」との関連については、後に検討する。

二　三井三池争議

さて、第二のケース・スタディとして、同書第九章をなす、一九五九〜六〇年の三井鉱山三池鉱業所の争議に関する清水慎三による研究を取り上げたい。[12] 周知のように、三池争議は、安保反対闘争とともに、一九五九年後半から、約一年間にわたって日本を震撼させた大事件であったが、基本的には北鉄の場合と同様の合理化反対闘争であったと見ることができる。しかし、三〇〇名の職場活動家を含む大量解雇という手段がとられた一層挑戦的な資本からの攻撃であった。すなわち、五〇年代末の三井鉱山による合理化は、一二〇〇名の指名「退職勧告」という解雇として始まるが、その中には、職場活動家三〇〇名が「生産阻害者」として含まれていた。（実際には、全体として組合役職者の解雇通知は六〇〇名に及び、組合活動家のめぼしい者はすべて指名解雇を受けた。）そして、三池の場合には、ロックアウト・全面ストライキの応酬の中で会社側による露骨な分裂工作による第二組合の結成とその勢力拡大によって、第一、第二組合同士の、また警察力、会社側に動員された暴力団との暴力的対決が繰り返されたが、（新安保成立後の「民主勢力」の急速な退潮の中で）ついに第一組合の敗北によって終結をみた。

清水論文は、元来実践的な意味を強くもった論稿であるが、同時に、実証的研究としてみても、職場闘争と、その結果生み出された組合による職場支配の実態などが比較的詳しく描かれている優れた研究である。

後に、平井陽一が整理したように、三池争議の真の争点は、「積年の職場闘争によって形成した労働者的職場秩序を、三池労組が維持しうるのか、それとも企業側がそれを切り崩し、職場の末端にいたるまで経営権を確立しうるのか、という点にあった」(13)。清水は、その「労働者的職場秩序」の実態を次のように要約している。三池の労働者は、職場闘争を通じて「他社労働者の先頭を切り、『労働基準法による一時間の休憩実施』から坑内夫の『繰込み輪番制』さらには『臨時夫、組夫等、二重構造利用の排除[14]』にいたる各種実績を積み上げ、生産点において資本のわがまま勝手を許さぬ実力者にまで成長していた」（五〇〇頁）。

以下、この「職場秩序」の形成過程を、後の研究成果をも参照しながら、もう少し詳しく見てみたい。

戦前の下級職制による労働者の掌握については、「『命を無視する労働強化』『下級職制の意のままによる配役』『暮夜ひそかに手土産をもった労働者の職制への哀訴嘆願』は三池の労資関係の象徴であった」（五〇三頁）といわれる。会社側にとってこの「在りしよかりし時代」は敗戦とともに終わりを告げた。ただ、三池炭鉱労組は、戦後初期からレッド・パージ前後までは比較的「おとなしい」組合であった。ところが、全国三井炭鉱労働組合連合会（「三鉱連」）の下で、一九五一年の賃闘、五二年の破防法スト、同年秋の炭労六三スト、その翌年の企業整備反対闘争（炭労の大量解雇に対する闘争で「英雄なき一一三日間の闘い」とも呼ばれる）といった激烈な闘争を経て、筋金入りの戦闘的組合に成長した（五〇四頁）。「三井労組を支える三つの柱、職場闘争、地域組織と主婦会、それに学習活動はこの〔炭労六三ストと「英雄なき一一三日間の闘い」の〕二つの闘いの中ではぐくまれ」（五〇四～五〇五頁）たのである。

この基礎の上に一九五五年には、「日経連をして『経営権の放棄』と痛憤せしめた……長計協定（「長期計画協定」）が組合によって獲得された」。協定内容は、「『組合員の完全雇用を今後の経営方針における第一義的な基本として確認し、都度組合と協議しその大綱を決定する』ことを大原則とし、『労働諸条件の向上を期し、低下せぬことを前提として人員の補充を認め、補給源を鉱山学校生徒と従業員家族の入替採用に求める[15]』『円滑なる生産の基盤として保安優先を確認し』『福利厚生・社宅施設における現状不備の点を確認し』これらの事項の実施については各山元で協議決定する」（五〇五頁）というものであった。

三池労組は、こうして当面の経済的要求をほぼ実現した後、「職制支配の排除」、「労働者的職場秩序の確立」へと進んだ[16]。その具体的手段は、「輪番制」と「生産コントロール」であり、その実現を支えたのが、継続的な（現場の職制に対する）職場闘争であった。「輪番制」は、労働者の作業割当の決定権を組合の現場組織である職場分会が掌握することを通じて実現したもので、作業割当に輪番制を導入して（賃金格差を利用した）労働強化の回避と賃金の不平等をなくすことを目的とした[17]。「生産コントロール」は、職制の指示を無視して、労働強化を防ぐため生産量を計画的に抑制するものであり、この基準に従って時間が余っても労働を中止したという[18]。

また、五九年八月までは、この制度を確立するための職場闘争は、会社側の経営権回復の試みに対し、組合は「現場解決主義」で対抗し、「職場分会の要求がほとんど実現するかたちで解決している」。すなわち、「要求がとおったのち職制が繰込場にて全員の前で謝罪するのが大半」で、当該係員が他部局へ更迭された例もある。「さらに、懸案であった坑内鉱員休憩所の設置を繰込場で追及し、入坑後作業時間中に職制の作業指示を無視して自分達で休憩所を完成させた事例もある。これについては職制より『後日、御苦労に対し酒一斗支給有り』」となったという[19]。

以上の闘争を、清水は次のように評価している。「『もみ手をしながら上役と話す』ことをなくし、『職制とたたかう同僚を孤立させることなく』職場交渉をみんなで支え、ついに『坑内繰込み輪番制』という職制支配のカギを奪いとるような『労働者的職場規律』の手がかりさえつかみはじめたのであった。職場闘争の二つの側面、すなわち物的な諸要求諸条件の獲得とそのメモ化という側面と、職制支配の排除・職場の民主化といういま一つの側面は三池に関する限り同時併行的に前進し、職場闘争の典型を示すまでになり、それぞれ具体的な成果をあげたのであった。その過程はやがて『職場の主人公』というやや背伸びした目標をみずから追求し、『三池解放地区』という……評価を他山他産業労働者の口に上らせるほどめざましいものとなりつつあった」（五〇六頁）。

さて、こうした状況の中で、経営側は、一九五六年頃（「職場到達闘争」が痛みわけで収拾された頃）から、労務対策を立て直すことを決意していったと思われるが、その際、経営内タカ派グループが（目前の経済的損失を懸念する）ハト派経営者を抑えて台頭してきたことが重要な伏線となった。[20]そして、日経連に支援されて、断固たる反撃にでたのである。エネルギー革命（石炭の比重低下という危機）という背景の下で「合理化」に向けて、「三池の低能率・高賃金」（四九九頁）の克服のために職場活動家の排除と職場規律の回復が、第一の目標とされたのである。労働者の要求が、「もの取り」という経済的な次元を越え、自己権力要求となっていた以上、ハト派的な譲歩では事態は収拾できないところにまでたち至っていたというべきである。労使の権力関係のドラスティックな逆転を目指して、タカ派経営者による「経営権」の回復が試みられざるをえなかったのは、そのためである。

以上のように、五九年の三池争議は、職場闘争によって追いつめられた経営者が、重大な決意をもって組合に立ち向かったことに端を発している。北陸鉄道の場合と基本的に同一の状況であった。言い換えると、このことは、岸首相による反動政策や安保条約改訂とはまったく別の次元で、資本の「反攻」が開始されたことを表している。三井の経営陣は、活動家の政治活動などにはほとんど関心はなく、彼らの企業内部での「生産阻害活動」を何よりも重視していたのである。

三　職場闘争と政治活動

清水は、三井三池における「経営権の回復」の試みに、戦前的な体制への回帰を見る。すなわち、『賃金を安く、労働強化をいつでも強制でき、いつでも首を切れる』労資秩序・労働規律を昔日のように取りかえすこと」(四九九頁)が試みられた、というわけである。そして事実、争議後には、第一組合員に対する差別待遇はむろん、職場闘争の輝かしい成果と呼ばれた「繰込み輪番制」も姿を消し、組夫・臨時夫も導入された(五六〇頁)。しかし、これをもって争議後の三井が戦前の経営体質に回帰したといえるだろうか。筆者には、清水の結論はやや性急にすぎたように思われる。

第一に、争議後の三池の状態についての詳しい材料が清水の論稿には欠けているので推測の域をでないが、一般的にいって、三池争議が戦前のような組合活動の全面的禁止によってではなく、第二組合という少なくとも建て前においては自主的な労働組合の結成によって終結している点は見過ごせない重要性をもつと考えられる。同書の序章における藤田若雄の次の指摘はその点を強調したものである。「日産争議・日鋼室蘭争議・王子争議・三池争議〔一九五〇年代を代表する争議〕のいずれをとってみても、またその他の争議においても、第二組合による争議破りは、暴力団と結合しているが、組合と無関係なスト破りがストライキを破壊するのでなくて、労働組合という名を冠した、かっての組合員によって行なわれることが特徴である。そして、それは、年功的労使関係からくる企業忠誠意識を巧みにとらえている」(四九頁)。この企業忠誠意識を保持させるためには、経営の側から一定の物質的基礎が与えられなければなるまい。争議後においても、第二組合員に第一組合員以上の優遇措置を与えなければ、彼らを再び第一組合の方に押しやることになろう。そして、自己権力要求ではなく、単なる「もの取り」に自己抑制する方が、さらに生産性へ自発的に協力することの方が、遙かに労働者自身の利益になることを、身をもって体験、自覚させなければならない。労使協調による(パイの拡大による労資の共通利益の増進という)「生産性の政治[21]」への転換がはかられなければならないわけである。そして、大部分の日本の大企業においては、(戦闘的組合をもっていた企業においては三池型の争議を経験したうえで、また同盟系組合をもつ企業においてはそうした争議を回避しつつ)事実その転換が実現したといってよい[22]。戦後半世紀をへたうえでの後智恵であろうが、その認識なしには、戦後日本の労使関係の安定と経済成長とは理解不能である。

そしてその際重要なことは、戦後の労働組合主流が「生産性の政治」の実現に自発的に協力しなかったために、もっぱらそれが経営の主導によって実現をみることになったことである。日本においてオーストリアやスウェーデンのような社会民主主義主導の「生産性の政治」が実現せず、経済的自由主義主導のそれが誕生したのは、主としてそのためであったように思われる。

ところで戦前への回帰という論点を考えるうえで重要な前提として、戦前の体制をいかに理解するか、という問題がある。地主制による搾取が前近代的どころか、土地の稀少性と労働力の過剰を背景とした近代的な「自由な交換」の基礎の上に立っていた、とすれば、戦前の労働者と職制、そして資本家・経営者との関係も同様であって、いずれも特に、前近代的なものと呼ぶ必要はない。労働者の従属は、リソースが極端に不平等な者の間での「自由な交換」という経済的自由主義の原則（ないしは「擬制」）が適用された結果にすぎないからである。そして、「自由主義的経営」による失地回復も、そうした限定的な意味からいえば、戦前への回帰に他ならない。前述のように、戦後日本は、組合活動そのものを否定する「労働の自由」という意味での自由主義に完全に回帰したわけではないが、経済的自由主義が主導した結果、社民的権利が大きく後退したことも否定しえない事実である。(23)

この状況では、労使の間に伝統的な従属関係と区別のつきにくい関係が生ずることも避け難い。伝統的文化があろうがなかろうが、（上役の恣意に対する依存という権力関係が存在する限り）上役に「もみ手をしながら話す」態度や「盆暮れに付け届をする」習慣は成立するからである。（もっとも、ドーアが指摘したように、近代的生活文化のもとでは、こうした態度を強いられることは、強いルサンチマンを内向させるであろうが。）いずれにせよ、ここに、一つの戦前戦後の連続性を見ることは可能である。この問題は、ドーアや川島の分析に関して既に触れた問題であり、経済活動を含む私的生活における「私的権力」の問題にかかわる（政治学にとっても）重要な問題であるが、争議後の企業の内部権力構造についてのより立ち入った分析[24]が不可欠であり、その検討は他日を期すこととしたい。

他方、こうした労使の権力関係を考える場合、資本主義社会の「擬制」を最終的に担保する法的な構造――私的所有と労働者権とを調整する具体的な法秩序の構造――が決定的な意味をもつであろうことは容易に推測できる。争議研究に即していえば、労働組合法の内容や、仮処分の手続きなどが、争議の最終段階で決定的な意味をもった、という事実がある。この点を明確に指摘したのは、一九七〇年代に東芝争議（一九四九年）についての詳細な歴史研究を行った山本潔である。[25]彼は、一九四九年における労働組合法の改正が、東芝争議の決着にもった重大な意味を指摘し、[26]かつ、仮処分の決定などを通じて裁判所が果たした役割の重要性を検討している。[27]さらに、「生産管理」という争議手段が、私的所有権の侵害として法的に糾弾（窃盗罪として会社側から告訴）されたことを挙げて、争議の展開を基本的に規定している法的構造の存在を指摘している。[28]戦前への回帰を考えるうえでの前提として、こうした法的構造の検討は不可欠の意味をもつが、残念ながら、経済学者を中心としたこれまでの争議研究では、十分に取り上げられてこなかった問題であり、今後の法社会学や政治学の参入が待たれる学界状況にある。[29]

さて、政治学者にとって、以上の問題よりさらに重大なのは、五〇年代の企業レベルの経営による反攻（「自由主義的反動」）が、政治的な反動とどう関連していたか、という問題である。

清水の指摘を見よう。三池の職場闘争をめぐる対立は、一企業の枠を越えた「全階級的な」問題であったとして、彼はその理由を次のように書いている。「三池闘争にいたるまでの総評を中核とする日本の労働運動の大衆的な強化は職場闘争、職場活動家方式を基調としていた。それゆえ、新安保体制という新しい軍事的政治的秩序、その経済的支えである資本の合理化が、職場闘争に基調をおいた労働運動を押しつぶし新しい労資関係を要求している以上、全権力機構を動員しても三池労組の圧殺をはかってくる必然性をもっていた。このように、支配階級の攻撃目標自体が三井はおろか炭鉱合理化のための血祭り以上の狙いをもっていたとするならば、三池闘争は炭鉱合理化問題をとびこえて階級闘争全体の焦点となりやすい本質をもっていたと見るほかはない」（五〇〇頁）。

ここには、実は二つの指摘が並存している。一つは、三池の職場闘争の問題が、全経営者の課題であったという認識であり、もう一つは、それが新安保体制という軍事的政治的秩序再編の問題と直結していたとの認識である。筆者は、この二つの問題は、本来は次元の異なる問題であり、マルクス主義者清水が想定するほど密接な関連をアプリオリには前提できないと考える。

まず、前者の問題を検討しよう。三池労働者による職場支配は、それが自社に波及する可能性を考えれば全経営者にとって許容すべからざるものであったことは容易に理解できる。三池が締結した協定が、同業他社に同じような協定を要求する拠りどころとなり、他社の経営者は「たいへんな影響、いや被害をこうむった」のである[30]。また、三池はその戦闘性のゆえに、全国の組合活動家の精神的「拠りどころ」であったし、さらに、三池を中核とする三鉱連は、日鋼室蘭争議（一九五四年）や王子製紙争議（一九五八年）の際には、支援のために活動家を派遣していた。三池で対立が尖鋭化し、全国的な注目を集めたためもあって、日経連のタカ派グループには、ここで「三井が敗れれば日本の経営全体に影響する」との危機意識が生まれていた[31]。したがって、「資本家階級」にとってここが勝負のしどころとなり、エネルギー革命に伴う炭鉱合理化の必要というスローガンが、三池の労務管理の失地回復のために、すなわち、活動家の排除のために、「一〇〇％活用」するきっかけとして利用された（五〇七頁）、という清水の指摘は首肯しうるものである。

ただ、注意すべきは、三池が広範なカンパ活動や支援オルグという全国の組合、活動家からの支援を受けたことは事実であるが、支援に駆けつけた活動家たちが、自らの企業に帰って三池と同様の合理化への抵抗運動を組織しえたわけではないということである。「いま一つの三池」、「生産点での共闘」はかけ声だけに終わった（五五九頁）。意地の悪い見方をすれば、自らの生産点で追い込まれた活動家たちは、三池に駆けつけることで職場のフラストレーションを発散したのである[32]。既に述べたように、全国的にみれば、この時期までに、民間企業においては、合理化をめぐる労使の対決は勝負がついていた[33]。三池は、こうして戦闘的労働者にとっての最後の拠点の一つ、そしてその最大のものとなった。以上のような意味では、三池は清水のいう「全階級的闘争拠点」であったのである。

他方、職場闘争の主力となった三池の活動家たちは、街頭にでて反体制運動たる（狭義の）政治活動に積極的に参加した。しかも、組織的には、三池指導部（特に向坂教室出身の活動家）と総評指導部の間に、社会主義協会という集団を媒介として、緊密な「同志的つながり」、すなわち、「政党政派的な血のつながり」（五一一頁）が存在した。それを媒介として、三池の活動家たちは、全国レベルの政治闘争において主力部隊を構成する集団をなしていたのである。そして、三池争議が安保改訂と同時期に進行したことから、この二つの闘争は密接に関連づけられた。三池からは、安保反対運動の中枢をなす筋金入りの活動家が多数供給されたし、三池に馳せ参じた全国の活動家は三池で鍛えられたわけである。一口にいって、経済闘争の担い手が、同時に政治闘争の担い手でもあった。政府・与党、特に治安担当者としては、この側面に関心を払わざるをえなかったのは当然であろう。清水の言葉を借りれば、「政府が新安保条約の調印・批准にこぎつけるためには国民的な抵抗を排除しなければならないが、それには『国民運動の中核である労働運動に弾圧をかけてくる。そのばあい、敵の攻撃の焦点に立たされるのは総評の最強部隊である炭労であり、わけても炭労中の最強三池、そしてその三池を支える組合活動家である。』」（四八四頁）ということである。清水は、こうした理解に対し「単純な割り切り」として留保をつけているが、基本的には承認していると思われる。筆者自身も、ここまでの指摘に異存はない。

しかし、ここで問題となるのは、三池における資本の攻撃を「新安保体制との関連でとらえるという〔清水ら左翼の側の〕一般的前提」である。同様な例は、同書第三章で取り上げられた尼崎製鋼所の争議（一九五四年）において、この争議を指導した当時の総評議長の高野実が会社側の労働協約改訂の試みを、「MSA軍事経済化による合理化」と規定したことに見られる。そして、同章の執筆者も、この規定をほぼ承認し、争議研究をMSA体制の分析から始めている。同書第四章の日鋼室蘭争議（同じく一九五四年）の分析も同様である。

しかしながら、筆者の見るところ、清水らの論理は前提と結論が逆である。すなわち、活動家たちが、（安保条約を三池と同一のものととらえて）安保に反対したがゆえに[34]、政府は、三池に関心を払わざるをえなかったのである。三池と安保を結びつけたのは、活動家であって、「支配層」ではない。活動家の二面的活動こそが、経営者と政府とを弾圧のために同盟させたのであって、その逆ではないのである。

この関連で注意すべきは、三池への支援が安保闘争の終焉とともに急速に後退したことである。この事実は、労働者の連帯（「共闘」）のためには、狭義の政治的争点が不可欠であったことを示している。すなわち、一企業における経営による労組攻撃が、国家と資本とが一体となった「反動」であると解釈されてはじめて、「共闘」が可能となったわけである。換言すれば、マクロな政治との関連を強調する解釈は、当該企業に直接にかかわらない他企業の労働者を動員するためのシンボル操作の手段であった。どこまで意識的であったかはともかく、経済権力をめぐる対立は、政治体制をめぐる争点と解釈されることなしには、「労働者階級」を動員できなかったのであり、そこに日本の労働運動の弱点があったともいえよう。

そして実は、清水らの分析も、活動家のこうした認識を補強する役割を演じた。『戦後日本の労働争議』を含む争議研究は、争議の分析であると同時に、争議の展開に影響を与えた「政治的文書」でもあったのである。

今日の目から見れば、経営による自由主義的反動と、岸政府による安保体制再編の試みとは、次元の異なる「反動」であり、その関連は、（もっぱらというわけではなかったにしろ）主として、左翼の側の認識とそれにもとづく活動によって作られたものであることは、以上のように明らかであろう。当時においてその事実が認識されるためには、争議研究者自身が、あまりに当事者でありすぎたということであろう。そしてまた、三池闘争（およびその原因となった職場闘争）がなかったとしたら、民間労働運動は会社べったりにはならずに社民路線で踏みとどまったかもしれないし、政府の反動もそれほど強くならなかったかもしれない、という（自己を相対化した）逆説的認識も、こうした思想状況では生まれようもなかった。

四　経済秩序をめぐるイデオロギー対立

賃上げや具体的な労働条件の改善をめざした労働争議とは違って、企業整備・合理化をめぐる争議は、直截な権力闘争であり、そこでは労使双方の企業のあり方に関する制度理念――生産と分配を規定する経済秩序についてのイデオロギー――がぶつかり合うことになる。(35) 逆にいうと、こうした対決を通じて、経営と組合とがもつイデオロギーが結晶化し、浮上して、当事者にとっても観察者にとっても、可視化されるのである。ここにこうした（単なる労働条件の改善を目ざした争議とは異なる）「非日常型争議」（以下、「争議」の語をこうした意味で用いる）の研究意義が存在する。(36) 労使双方の制度理念を、戦後争議についての実証研究の蓄積の上に理念型的に構成した一つの試みが、（先にも言及した）社研グループの代表的論者たる山本潔の一連の研究である。(37) この枠組みを参照しながら、北鉄と三池の争議の意味を再考してみたい。

山本の枠組みからいえば、争議前の両社の職場秩序は、一九四九年以前の東芝の職場秩序を念頭においてモデル化された「拘束された経営権」と名づけられたタイプに属するものである。山本は、これを工場ソヴィエトやアナーキスト的な自主管理とは異なって「経営権の承認の上に成立」してはいるが、「解雇に関する『同意約款』が定められ、職制機構は麻痺せしめられ、就業時間内の組合活動はほとんど無制限におこなわれ、会社から賃金を支払われる組合専従役員や書記が企業内の組合活動に企業外のオルグに走り廻っている。しかも、かかる労資関係の枠組みを成文化したものとしての労働協約は、自動延長されて改変することができない」と特徴づけている。[38] このタイプは、ドッジ・ラインまでは、日本の大企業にかなり広範にみられたものである。しかし、前述のように、ドッジ・ライン下の不況の中で「経営権の回復・確立」が試みられ、民間企業では五〇年代の半ばまでにほぼ消滅した。

ところで、この「拘束された経営権」とは、いったいいかなる理念であったのか。社会民主主義的要求を含むものであったことは、直ちに見て取れる。まず第一にいえることは、その職場秩序の原理は、直接的には、社会主義革命を実現しようとはしていないということである。（たとえその担い手たちが、たとえば三池の場合のように向坂教室でマルクス主義の教養を学んでいたとしても）職場闘争そのものは、政党的な主張によってではなく、労働者の労働条件をめぐって闘われていた。資本主義的な体制を前提として雇用や賃金を守ろうとする努力を基本としているという意味で、社会民主主義的である、といえよう。第二に、「輪番制」や「生産コントロール」の直接的な目標は、労働強化の回避、安定した（平等な）収入の確保、職場における労働条件の不平等の廃止、[39] という経済的目標であり、本来社会民主主義が目標とするものであった。

しかし、職場闘争が社会民主主義理念の実現を目標とするにとどまるものでもなかったことは、北鉄や三池（さらには東芝）の実態が明らかにしている。それは、福祉国家の実現や組合幹部による交渉という迂回的な手段でなく、労働現場という生産点で労働者が（大衆団交や人民裁判のような大衆の直接的動員という手段により）直接闘って勝ち取るというラディカルな直接参加、直接民主主義的要素を中核にもつからである。それが、「もの取り」から「職場の主人公」というスローガンがでてくるゆえんであった。言い換えると、サンジカリズム的要素が濃厚である。ここには、労働者の自主管理へ進む契機、換言すれば、民主主義的アスピレイションが存在する。それは、敗戦直後の「生産管理」以来、戦後の急進的労働運動がもつ自己権力欲求の伝統なのである。

「拘束された経営権」下の職場秩序がラディカルな参加民主主義を内容とすることは、それが労働者自身の私的自由とも対立した、という点に逆説的に表現されている。そのもっとも極端な例は、三池炭鉱において、争議中、第二組合結成の動きが始まったとき、組合首脳は結束を固めるため「組合員全員に一般教宣を徹底し、私的行動の一切に強い組合の統制を画一的にかける方法」をとったことに見られる。この方法は、逆効果を生んだとされる。「釣りにいく自由」「映画を見る自由」など「統制すべからざる」自由を拘束し、一般の組合員の間に「不満を蓄積」させたからである。特に、「戦後教育のなかで育った青年層が当然要求する『市民的自由』を抑えつけ、その一般的抵抗をそそる」こととなった。第二組合が当初から青年層を多く組織しえたのは、そのためであったという（五四九〜五五〇頁）。ここまでいかなくても、三池における日常的な職場闘争、学習会、主婦会などの活発な活動が、こうした活動、参加になじめない層に、反感を醸成していたと指摘される。三池労組の「強い結束のウラに反感を必要以上に累積した」というわけである（五四八頁）。「対抗権力」が必要とする参加民主主義の中で「無関心（者）の権利」をどう保障するかという、政治哲学的にも重大な問題がここで露呈している。[40] いずれにせよ、労働者的職場秩序は、義務としての参加を要請するような、急進的な自治の原理によって支えられていたのである。[41]

経営との対決が非妥協的な権力闘争となることは、不可避であった、といわざるをえない。ところで、職場闘争に表現された急進的労働者のイデオロギーに対抗したのは、経済的自由主義であって、伝統的文化、伝統的権威主義にもとづく権威主義的制度理念ではなかったということは、既に繰り返し述べたとおりである。この「資本の反攻」を主導した理念は、東芝の新経営者（そして後の経団連会長）、石坂泰三が体現していた経済的自由主義であった。[42] この理念は、また、日経連の指導理念でもあった。[43] したがって、イデオロギーの内容からいっても再軍備のような「政治文化的」争点とは直接には関連をもたないものであった。企業内部の合理化の試みの背後にあるのは、市場の圧力であり、これに対抗しているのは企業内部に蓄積された労働者の既得権擁護、社会民主主義的権利獲得の主張と、それを維持、発展させようとする労働者の自己権力要求であって、両者の対立は、本質的に、経済秩序をめぐるイデオロギー対立であったからである。東芝型争議が、ドッジ・ラインによる価格統制の解除と復興金融金庫融資の廃止という自由主義的経済政策への転換を契機として登場してきたことは、その事実を象徴している。

むすび

企業整備、合理化をめぐって争われた一九五〇年代の労働争議は、大きな枠組みとして見れば、経済的自由主義と社会民主主義の対立の一つの具体的表現であったと見ることができる。「第一次逆コース」として占領軍やアメリカによって開始されたことに示されるように、第Ⅱ部第四章までの検討対象であった(鳩山、岸などの)保守党政府が主導した反動とは一線を画したものである。一九五〇年代を通じて政党政治のレベルで主たる対立軸を構成したのは、再軍備や教育政策をめぐる政治文化的争点と、(伝統的反動への対抗原理としての)狭義の政治次元での民主的権利、市民的自由をめぐる争点であった。そして、経済秩序をめぐる争点は、政党レベルでは副次的な対立軸を構成したにすぎない。片山内閣の崩壊後、一九五〇年代においては、経済秩序をめぐる争点は、直接には政治対立の場には浮上しなかったといって過言ではない。総評や炭労では「安保は国民運動で、三池こそが労働運動の正念場」という理解が基調であった(四八五~四八六頁)ことに示されているように、労使の間では、経済秩序をめぐる争点がそれ以上に厳しい対立を惹起していたにもかかわらず、である。結果的に見れば、再軍備などの争点は、経済政治体制に関する、より重要な争点を覆い隠す機能を果たしたともいえよう。一連の争議研究は、そうした隠された政治争点の存在を明らかにしているのである。

戦後政治学の展開という文脈でいえば、企業権力をめぐる問題が政党政治の争点とならなかったことは、戦後政治学者の関心がこの問題に向けられることを妨げる結果を生んだ(44)。そして、その間隙は、もっぱらマルクス主義経済学者によって埋められたのである。川島ら法社会学者が関心を向けた「社会」における（私的）権力関係の分析とならんで、「経済」の場での企業内権力構造の分析は、今後の政治学者にとっての重要な研究課題を提起していると、筆者は考える。

（1）上下二巻本として公刊されているが、頁数は、通し番号である。
（2）本書第I部で取り上げた天皇制ファシズム研究者が、地主・小作関係を権力関係としてとらえたのと同様である。
（3）第五章の戸塚秀夫「下請企業争議——第二精工下請K企業の事例研究」がそれである。この研究は、戦後初期の中小企業における伝統的政治文化の変容という、本書のテーマから見ても非常に興味ある分析を提供している。
（4）ちなみに、森は、同書刊行当時、北鉄労組の書記であった。
（5）当時の争議研究は、まったく記述的なモノグラフか、マクロな意義づけに終始する「研究」が多い中で、企業内権力構造に焦点を当てたこの論文は、後述の清水論文とならぶ貴重な存在である。
（6）森直弘「北陸を震撼させた四十日間——北陸鉄道ストライキの記録」『月刊労働問題』一九六〇年三月号。
（7）事実、争議前後には、東急、近鉄、名鉄などの資本進出の動きが見られた。
（8）森・前掲・六四頁。
（9）第二臨調時代、特に国鉄に関して指摘された公社の経営における無責任体質と同様の構造であったといってよい。
（10）北鉄でも、最初の合理化が試みられたのは、一九五二～五三年における「資本の攻勢」であったと見られる。
（11）後述の三池の場合も、同炭鉱が相対的に高い生産性を誇っていたことが、同組合の戦闘性を支えていたと思われる。

(12) 清水の肩書は、著述業である。

(13) 平井「三井三池争議（一九六〇）」（労働争議史研究会編『日本の労働争議（一九四五〜八〇年）』東京大学出版会・一九九一）二〇六頁。

(14) 「組合の力で臨時夫・組夫が皆無に近い」（四九九頁）。

(15) この協定は、定年退職の場合は、その子弟を採用するというもので、実際、「まご子の代まで雇用を保障した」画期的な（見方によっては非常識な）ものであった（太田薫『わが三池闘争記』労働教育センター・一九七八・二九頁）。

(16) 平井陽一「三井三池炭鉱の職場闘争——輪番制と『生産コントロール』」（『社会政策学会年報』一九七九）。

(17) この輪番決定の責任者は、組合幹部が自動的になるのではなく、現場の労働者自らが選出するという民主的制度が取られていた（同・一六三頁）。この責任者は、同時に、怠慢な労働者には罰則を適用する、自主的な統制を行った（同・一六六頁）。

(18) 生産量は、職場代表者会議で決定された（同・一七二頁）。

(19) 平井陽一「三井三池炭鉱における大争議前の職場争議」（『労働運動と経済民主主義』労働旬報社・一九八〇）一八六頁。

(20) 平井「三井三池争議（一九六〇）」二一三〜二一四頁。また、平井「三井三池炭鉱における『職場到達闘争』」『経済学批判』第一〇号・一九八一年五月参照。

(21) Charles S. Maier, "The Politics of Productivity : Foundations of American International Economic Policy after World War II," in Peter Katzenstein ed., *Between Power and Plenty*, Cornell University Press, 1977.

(22) この意味では、第一組合の存在、ないしは、その存在の記憶は、労働への一定の譲歩を生む不可欠の条件であったといえよう。戦闘的組合もまた、こうして意図せずして日本における「生産性の政治」の誕生に貢献したわけである。

(23) もっとも、（回帰したとされる）戦前という場合、どの時期を考えているかが問題である。三井鉱山の場合はともかくとして、全国的に見れば、一九二〇年代には急進的労働運動への対抗のうえからも終身雇用制度が拡大したし、戦時中には重工業部門で優秀な労働力を確保し生産性を上げるために一定の身分保障や労働条件の改善が見られたのであって、これも「生産性の政治」の一形態であろう。戦前日本で、雇用面について「自由主義の時代」をいうとすれば、こうした制度が導入される以前の段階を考えざるをえない。ちなみに、国家の経済への介入という面でいえば、（明治国家的な国家主導の産業化に対して）一九二〇年代こそが、「自由主義の時代」であった（岡崎哲二・奥野正寛編『現代日本経済システムの源流』日本経済新聞社・一九九三参照）。

(24) この関連では、前述のドーアの『イギリスの工場・日本の工場』のような研究が参考になろう。

(25) 山本『東芝争議（一九四九年）』御茶の水書房・一九八三。

(26) 同右・一三三、三〇八頁。なお、遠藤公嗣「労働組合法の改訂・一九四九年」『社会科学研究』第三七巻第二号・一九八五参照。

(27) 山本・前掲書・二九三～三〇三頁。

(28) 同右・一八四～一八五頁。

(29) 日本の司法・裁判所、あるいは労働委員会などの準司法機関に関する社会科学的研究は遅れているが、将来の研究方向を示唆する業績として、ジョン・O・ヘイリー「日本における新しい借地借家法」『レヴァイアサン』臨時増刊・一九九二が参考になろう。

(30) 太田・前掲書・三〇頁。

(31) 同右・一〇二頁。

(32) 生産点で追い込まれた活動家たちが、再軍備反対を主たる争点とした選挙活動や安保反対の街頭における闘争など比較的安全な活動に熱中したのは、同様の理由によるとの指摘がある（村上寛治『総評物語(下)』日本評論新社・一九六一・六四～六六頁）。

(33) 北陸鉄道は例外であったことは、既に述べたとおりである。

(34)　たとえば炭労は、日本の石炭危機は、エネルギー革命のためという以上に、「アメリカを先頭とする『石油帝国主義』の進出」とそれに従属するわが国の政策にある、としていた(四九二頁)。その証拠に、「社会主義国では、……石炭の絶対生産量は依然として増大しているのであって、危機・斜陽化は資本主義の固有現象なのである。したがって基本的には社会経済体制の問題である」とされた(四九一頁)。

(35)　また、共産党系組合員と社会党系組合員の対立や、第一組合に対抗する第二組合の結成に典型的に見られるように、労働者内部の多様な制度理念間の対立も浮上する。

(36)　同書・はしがき・一頁参照。

(37)　山本『戦後危機における労働運動』御茶の水書房・一九七七、『読売争議(一九四五・四六年)』同・一九七八および前述の『東芝争議(一九四九年)』。なお山本は、ここでいう制度理念を「路線」という言葉で表現している。

(38)　『東芝争議』五～六頁。このことは、北鉄、三池の争議が、基本的にドッジ・ライン下の東芝争議と同じものであったことを意味している。

(39)　この不平等を手段として、経営側からみれば労働者の職制への従属が確保される。

(40)　Micheal Walzer, *Obligations: Essays on Disobedience, War, and Citizenship*, Simon & Schuster, 1970, Chap. 11.(山口晃訳『義務に関する一一の試論』而立書房・一九九三)。

(41)　こうした「自治」が、参加意欲と同時に高い自己規律を要請するものであることはいうまでもない。一九四〇年代末の東芝において見られたように、労働者による職場支配は容易に職場規律の弛緩に堕する。労働者の生活が困窮を極めていたこともあって、当時東芝では、欠勤、遅刻が蔓延し、部品、製品の盗難が頻発したという(山本『東芝争議』六一～六三頁)。

(42)　経済的自由主義の内容については、別の機会に詳論したので、ここでは繰り返さない(『自由主義的改革の時代』中央公論社・一九九四・第一部第一章)。なお、山本は、労使関係における経済的自由主義と(戦中の)産報型権威主義とを明確に区別していない(『戦後危機における労働運動』一七頁)。

（43）拙稿「経営協議会の成立と変容」（坂本義和・ウォード編『日本占領の研究』東京大学出版会・一九八七）参照。

（44）同時に、（伝統的権威主義に関心を集中して）保守本流イデオロギーとしての経済的自由主義が日本社会に対してもつ重要性を看過することにもなった。

付論　現代政治学の方法的基礎
——政治学とはいかなる学問か——

一　政治学は体系をなしているか

学問というものは、専門ごとに通常一つの体系をなしている。それは、別の言葉でいうと、学問を習得する方法、勉強する方法が確立しているということであって、簡単なことから、だんだん難しいことへと進んで行くという習得の方法があるということであろう。だから、プロとアマとの違いが明確で、ここまででとどまっている人はまだアマチュアで、ここまで行った人はプロフェッショナルであるという基準というものがある。それが学問が学問として体系ができているということの一つの判断基準であり、特定の研究、教育上の制度としてのディシプリンとして成立していることとの必要条件となる。

この点からいえば、たとえば法社会学という学問があって、この学問は法学と社会学との結合したものといってよいが、法学（より正確には法解釈学）のバックグラウンドのある人と、社会学のバックグラウンドのある人がやる場合とでは、法社会学の習得の仕方が違い、その結果、内容的にも大きな違いが出てくることが予想される。法学あるいは社会学が一つの体系をなしていればいるほど、その違いが顕著に反映することになろう。別の言い方をすれば、法社会学を法学部の学生に法学の一分野として教える場合と、社会学部の学生に社会学の一分野として教える場合とでは、かなりの違いが生じてくるはずである。それぞれの学問、ディシプリンには、それぞれ学問的沿革があり、道具があり、トレーニングの仕方があるからである。

もう一つ例を挙げよう。経済統計学という学問があるが、ディシプリンとして見る限り、この学問は経済学の一分野であるよりは、統計学の一分野であると見た方が妥当であろう。なぜかというと、経済学の知識があっても、統計学の勉強をしたことがない人には、この学問はすぐには取りかかれない。統計の入門から入らないと、学問的には無理である。また、プロの場合にも、政治統計学の人と経済統計学の人では話が通じるけれども、一般の経済学者と経済統計学者との間では、同程度の会話は難しい。学界内のコミュニケーションには、共通のディシプリンが必要だからである。

では、政治学はどうだろう。政治学は一つのディシプリンとして、体系をなしているのだろうか。現在の政治学は、後に詳しく述べるように、非常な混乱の中にあるが、振り返って考えてみると、かつては一つの体系をなしていたし、教育の手順もはっきりしていたことが分かる。その時代には、まず、政治思想の歴史を学ぶことで、たとえば民主主義の理念とそれに支えられた制度を学習した。そして、政治史の勉強を通じて、こうした理念が生まれ現実の歴史の中で実現してきた過程を学習した。そしてその上に、(国民主権の概念の前提となる) 主権論や権力論が政治学原論の名で教えられた。しかも、政治学は全体として憲法学と密接な関連をもち、後者の原理論的な意義を担っていた。それが法学部に政治学の講座が設けられていた根拠をなす。伝統的には、政治学はこうしたまとまりをもっていて、政治学原論を勉強することが、政治思想の理解にも役立ったし、歴史の勉強も、その他の政治学の勉強に密接に関連していた。そして、それらが市民教育の意味をもっており、実践的な課題とも結びついていたわけである。それらは、近代的な制度の原理と実際とを教えるために役立つものであった。そのことは、政治思想史が何よりも、西欧の政治思想史であり、政治史といえば、欧米の歴史を意味していたことに端的に示されていた。近代西欧を学び、これを模倣して近代化する努力の一環であったからである。

その結果、教育の方法についても、明確な順序があった。たとえば高校生には、日本国憲法とその原理が、「政治」の導入として教えられ、その関連で、ロックやルソーの思想が紹介される。大学に入ると、その連続性の上に、それをさらに深めて、政治思想、政治史の中で、同じテーマが追究される。また、学界においては、ホッブズの研究者は、政治学原論としての主権論においても、政治思想史においても、プロとして発言できたし、歴史学に対しても何かがいえる、という状態であった。学界としてのコミュニティが成立しており、一つのディシプリンとして成立していたのである。

ところが、大衆社会の成立と、心理学、人類学などの発展といった要素が背景となって、政治学が急速な変化をとげてきた。その変化は、戦後の政治学を主導したアメリカにおいて、一九五〇年代に開花し、その影響は一九六〇年代以降日本にも及んで、現在の政治学は、かつての体系を崩してしまったといってよい。この急激な変化は、通常「行動論革命」あるいは「行動主義革命」と呼ばれるが、ナチズム研究、スターリニズム研究、さらには第三世界の政治の研究を直接のきっかけとして始まったもので、そこでは特に人間の非合理な側面を研究対象とするために、心理学（さらには文化人類学）の概念が、政治分析に導入されたことが最大の特徴である。こうなると、教育の方法としても、研究者の養成としても、心理学の初歩から教える必要が生じることになる。つまり、政治学の一分野としての政治心理学よりも、心理学の一分野として扱う方が望ましいような事態が生じたわけである。こうして政治学は、ディシプリンをある意味で侵食されたような形となった。

また、官僚制研究の分野、伝統的な行政学の分野では、社会学、経営学の分野の一般組織論の研究が導入され、社会学との境界が著しく曖昧になった。さらに、一九七〇年代からは、ゲームの理論、公共選択の理論、交換理論などいわゆる合理主義政治理論が政治学の前面に登場し、経済学的、数理的な議論が政治学の有力な一分野となった。これらの分野では、教育の面では経済学や社会学の勉強から始めた方が、効率的であり、事実、それらの学部の出身者がこうした政治分析を主導している。こうして、政治学と呼ばれるものの中に、いろいろなアプローチが並存することになり、政治分析は非常に豊かになったが、反面、教育や専門的トレーニングの点で、明らかに支障をきたすほどに多様となって、体系が失われてしまった。政治学は面白いけれども、どこまで勉強してもとらえどころがない、という不満を生むことになったわけである。他面、政治学理論（原論）や政治の現状分析と政治思想史、政治史との関連も希薄となり、政治学者は、自分の専門とする分野を少しでも離れるとアマチュアでしかないという状況が生まれた。

こういう背景から、政治学とは何かということを、改めて考え直してみる必要がある。つまり、通常の意味での一つのディシプリンとして政治学をとらえるのではなく、別の角度から政治学をとらえる必要が生じてきたといえよう。

二　政治学の現状

ここでは、政治学を、ある具体的な政治現象をさまざまな角度から、さまざまなディシプリンを適用しつつ分析する学問としてとらえてみたい。その具体例として、本書第I部が検討の対象とするファシズム分析を挙げよう。(2) ファシズム解釈にはさまざまなものがあるが、まず第一に、好戦的性格など日本人あるいはドイツ人の国民性に原因を求める考え方がある。戦争中の欧米連合国ではかなり有力な議論であった。そこまでいかなくても、文化的、政治文化的な側面を強調する人類学的アプローチは現在でも有力である。第二に、これとは対照的に、ファシズムを資本主義のもっとも進んだ形態、すなわち、国家独占資本主義とみるマルクス主義の解釈がある。ここでは政治形態と経済的構造との関連が重視され、かつ国際経済的な関係が強調される。第三に、遅れて近代化に取り組まなければならなかった国が、封建的要素を残し、あるいはそれを再編、強化した結果生まれた権威主義体制と見る見方もある。ここでも経済構造との関連が重視されるが、第二の解釈とは対照的に、残存する前近代的側面に焦点が当てられ、その結果、国内の歴史的背景が強調される傾向がある。第四に、ファシズムを大衆の反乱と見る考え方がある。デモクラシーの自己破壊と見る見方は、政治思想史学者によってしばしばなされてきた議論であり、現代社会における疎外を強調する心理学的アプローチとも共鳴して、大衆社会論と呼ばれる一学派を形成してきた。心理や文化を重視するという意味で第一の考えに近いが、一九五〇年代には行動論政治学の一つの流れを構成することとなった。

以上のように、さまざまな解釈があって、場合によっては、相互に二律背反的で、それぞれの解釈から導かれる命題を実証によってどちらが正しいかを検証することが可能で、検証をつうじて否定される解釈もあるが、場合によっては、それぞれのアプローチがファシズムの異なる側面を指摘するという意味で相互補完的となり、学派相互の協力が可能かつ必要となることもある。ただ、ここで重要なことは、それぞれの解釈が、その背後に経済学、経済史学、思想史学、心理学、人類学など固有のディシプリンをもっていることである。このファシズムというテーマをめぐっては、さまざまなディシプリンの中で鍛えられてきた概念や研究方法が、同一の政治現象に適用され、豊かな学問的業績を生み出している。

このように、一つの政治現象に、さまざまなディシプリンから接近し、分析することで、現在の政治学が成り立っているのである。(この場合「政治」現象とは何かということが問題になるが、この検討は別の機会に譲りたい。) それらの研究成果の一部を、これは政治学ではない、と排斥すべき理由はない。「政治」の理解に役立つ限り、政治学の一部として受け入れるべきであろうし、現に、政治学者は受け入れてきたのである。そのために、ディシプリンとしての、あるいは学問体系としての一貫性が失われる結果となった。これが本来の政治学のあるべき姿であるかどうか、あるいは一時的な混乱にすぎず、将来はこの混沌の中から一つの体系が生まれるかどうかは、現在の時点では断言できないが、政治学の現状は以上のようになっているといわざるをえない。

三　政治学の臨床性

こうした状況においては、政治学は、具体的対象についてさまざまなアプローチで接近していくという意味で、「トピック主義」に陥る。戦争なら戦争、ファシズムならファシズム、あるいは貿易摩擦や文化摩擦が政治的に重要だということになると、研究がそうしたテーマに集中するということになる。時代的関心、あるいは研究者の個人的関心からみて、政治的に重要だと思われるトピックが、研究対象として選択される。このように学問内部で研究テーマが決まらないで、社会的要請でテーマが決まっていくと、研究テーマが相互に関連していないため、学問としての体系ができないばかりか、研究の蓄積も困難になる。ただ、社会的要請についての一定程度の合意がある場合には、これでもあまり問題は生じない。たとえば、日本の戦後政治学は、少なくとも当初は、天皇制ファシズムが非常に重要な研究課題であるという合意の上に、この問題に集中して、学問的蓄積を行ってきた。ところが、問題の重要性についての合意が失われ、論点が不規則に移行していくと、そのときどきのトピックをめぐって、本来、専門・ディシプリンの異なる研究者が集まることではじめて政治学が成立するような構造になる。

これを本書第I部で取り上げた業績に即してもう少し具体的に見てみよう。たとえば、天皇制ファシズムの分析において、講座派マルクス主義やその影響を受けたハーバート・ノーマン等の研究は、明治維新の土地改革、地主制の展開を重視するが、この研究テーマ自体は、後の歴史的影響との関連、すなわち、一九三〇年代の日本のファッショ化との関連を断ち切って、純粋に経済史上のテーマとして研究することが可能である。事実、学問の専門化によって、その方向に傾斜してきたといえよう。また、丸山真男などによる天皇制イデオロギーと西欧の政治思想との比較によるファシズム研究は、ファシズムとの関連が切れて、一方でホッブズやルソーの研究として、他方で明治思想家の研究として、専門的に自立しうるし、事実そうなってきている。ディシプリンとしてはこの方が正常であろうが、そうなれば、政治学の一分野である必然性はなくなる。歴史学や社会思想史の中に拡散するのである。このように、政治学以外のところで専門化が進んで、政治学は一時的なトピックを追うという構造になるわけである。

以上のことを、逆の観点から考えてみよう。政治学には固有のアプローチというのはないのだろうか。この観点からいうと、政治学にしかない研究分野として、当然のことながら、政治現象に密着した記述という形、すなわち、ディスクリプティヴな研究が、二つのレベルで存在する。一つは、政治体制の制度的議論がそれで、通常、類型論、比較政治制度論という形をとっている。分析以前、あるいはその前提としての分類論であるといってよい。これはアリストテレスに始まり、モンテスキュー以下長い伝統があるが、現在でもそうした分析は存在する。もう一つは、官僚、政党、圧力団体についての記述（的分析）であり、さらに政策決定過程についての記述（的分析）もこの中に含まれよう。抽象的なレベルの分析がなく、ジャーナリスティックな内幕ものや、歴史的叙述との区別はほとんどないといってよい。こうした記述的政治学も、分析の抽象性、一般性を高めていこうとすると、他のディシプリンの導入が始まる。たとえば、官僚制の研究は理論的指向を高めると、組織行動の一般理論となって社会学の一分野を構成する。あるいは、政党、圧力団体についても理論的検討を加えようとすると、たとえば、ゲームの理論や経済学的政治理論による説明に依拠することになる。こうした意味で、記述（的分析）にとどまる限りは政治学固有の分野を構成するが、理論に傾斜するとそこから離れていく(3)。

このことから見て、おそらく政治学には本来的に臨床性があり、抽象的になればなるほど、具体的な政治過程の認識としては内容が空疎となるという主張もありえよう。だとすると、政治現象の理解を第一義とする限り、政治学は、ディスクリプティヴな、抽象性の低い学問たらざるをえないし（だからといって、学問的価値が低いというわけではないが）、先に述べたようなさまざまなアプローチから接近するという政治学の現状は、まさに政治学の本来の姿であろう。できるだけ問題に密着した形で、（理論を作るよりも）別のディシプリンにおいて既に作られた理論を適用していくのが政治学の課題であり、宿命であるということになる。事実、政治学の代表的著作といわれるものの中には、それ自体で幾つかのアプローチを並存させているものが少なくない。グレアム・アリソンによる一九六三年のキューバ・ミサイル危機の分析『決定の本質』はその典型であるが、ニュー・ヘイブンの権力構造を分析したロバート・ダールの『誰が支配するか』も、政治的支配層についての歴史社会学的な分析や、政策決定分析、さらにはそれらを支える政治哲学的議論が組み合わされた名著である(4)。具体的な対象に向けて、さまざまな理論が応用されて、一つの「作品」が形づくられているのである(5)。

むろん、適用・応用の学であるといっても、個別的な「作品」を越えて学問的蓄積や体系が生まれないわけではない。政治現象に応用する際には、技術上の一定のノウ・ハウがある。たとえば、政治意識調査においては、それ以外の意識調査にはない（あるいは稀な）現象を処理するノウ・ハウの蓄積がある し、そこで新たに開発された統計上の技術というものもあろう。政策決定分析にもインタビューの仕方に関する技術というものが伴うし、記述上の、あるいは整理上の工夫も蓄積される。こうしたノウ・ハウも蓄積されていけば、一つの体系を構成する。さらに、研究の蓄積を通じて、単なる技術的処理にとどまらず、概念や言葉のソフィスティケーションも進められる。あるいはまた、一般的に、政治という現象の観察に日ごろ従事していることによって養われる「勘」というものも重要である。応用の学としての臨床医学に通ずる側面であろう。また、基本的に応用の学である医学や土木工学あるいは教育学のように、教育のシステムとしての体系性をもやがては確立していくと考えることもできる。

こうした場合に、政治学を、（教育の面からだけでなく）内容的にも、つまり研究のレベルでも整理し、体系化することは可能であろうか。あるいはそれに意味があるのだろうか。政治学の歴史を振り返ってみると、これまでに幾つかの体系化の試みがあったことが分かる。その典型は一九五〇年代から六〇年代にかけてのいわゆる行動主義政治学の開花にみられる。この時期には、デヴィド・イーストン（システム分析）、カール・ドイチェ（サイバネティクス・モデル）、ガブリエル・アーモンド（構造機能分析）、デヴィド・トルーマン（集団理論）などの一般理論が登場し、記述的あるいは操作的実証研究を一つの体系にまとめようとの野心的な試みが行われた。こうした一連の著作は、社会学、心理学、人類学などによってその領分を大きく「侵食された」政治学が、自ら固有のディシプリンたることを断念し、すべての社会科学を包摂する「行動科学」という単一のディシプリンの一翼を担うことによって、逆説的にその存在理由を確立しようとした試みであった。この行動科学的政治学は、その後の実証研究に共通のターミノロジーを提供するという貢献を果たしたが（「インプット」、「アウトプット」といった言葉はその典型である）、政治研究を体系化するという当初の野心的試みは挫折したといわざるをえない。

その後、経済学的、数理的政治学が登場して、一九七〇年代以降、政治の一般理論に大きく貢献したが、いまだ多様な政治学の一分野にとどまっているし、何よりも、ディシプリンとしての経済学の影響が強過ぎて、（トレーニングの面からも）そのサブ・ディシプリンというべきで、政治学に固有の体系となるには限界をもつといわざるをえない。一九八〇年代には、ヨーロッパ政治の研究者を中心に、制度論、国家論が復活して、新たな観点からマルクス主義分析の再評価も始まった。そして、ディシプリンとしては、法制史、思想史研究の流れとの交流が再度みられるようになり、国家の理論として政治学に一つの体系を与えようとする試みが始められた。ここでは、制度としての国家の構造を、国家形成期の世界環境や経済的条件など歴史的背景から探っていることが重要な課題となったのである。このように見てくると、政治学においては、体系が作られては、そのとたんに崩されて、また新しい体系が作られていっているといえよう。学問が活発な生長をとげている証拠といえようか。

ただ、政治学を学ぼうとする学生や若手研究者にとっては、学問の全体像をつかむことが、極めて困難で、その急速な変化を追うことも難しい学問でもある。しかし、反面では、比較的容易に第一線の研究に追い付くことができるため、若者の挑戦が容易な学問でもあり、それが一つの魅力でもあるといえよう。

いずれにせよ、ここでは、政治学はさまざまなディシプリンから強く影響を受けており、個々の研究者がそれらを組み合わせつつ具体的対象に迫る学問であることを、強調しておきたい。政治学者は他の学問を志す者以上に、政治学以外の特定のディシプリンを背景とした政治学の一分野を対象とすることになる可能性が高いが、いずれのタイプの政治学を学ぶにせよ、それぞれの学問的沿革を常に意識しておくことが不可欠である。背景となっているそれぞれの学問が固有のトレーニングをもつことを理解しておかないと、政治学では、技術を欠いた浅薄な応用として思い付き的な発言やエッセイに終わることになる危険が高い。これまで述べた事情（あるいは政治学固有の性格）から政治学が未だ独自のトレーニングを制度化していないからである。

ともあれ、以上のような「政治学」の特殊事情についての認識が、本書で戦後「政治」の諸業績の検討を行った際に、筆者の念頭にあった方法的関心である。

（1）ここでいう「適用」とは、もっぱら分析のために他のディシプリンの成果を導入・活用するという意味であって、臨床医学や土木工学におけるような実践的「応用」とはレベルが異なる。もっとも、基礎編・応用編というように、前者の場合も応用と呼ばれることもあり、誤解の恐れがなければ、この場合にも「応用」という語を用いてもよかろう。

（2）ファシズム研究の多様性、学際性については、山口定『ファシズム』有斐閣・一九七九参照。

（3）近年、産業政策、金融政策、医療政策など特定の政策領域に焦点を当てた政治学者の研究が盛んである。しばしば「政治経済学」と呼ばれ、また、「制度論的アプローチ」とも称されるが、理論的なレベルはそれほど高くない。各国比較を導入した分類学とそれに基づく歴史的因果関係についての仮説にとどまるものがほとんどである。ただ、繰り返しになるが、理論的レベルの高さと学問の水準の高さとは、まったく別のことである。

こうした研究、たとえば、医療政治学は、医療社会学、医療経済学、医療心理学、医療法律学などと提携して、一つの学問領域を形成する方向に向かうかもしれない。教育学は、ディシプリンから見ると、そうしたあり方を既になしている。この場合、政治学の側から見れば、本来は「政治」とは呼ばれない現象についての学際的分析の一翼をなすのであって、本文で述べた「適用・応用の学としての政治学」とは、ちょうど、逆のあり方となるわけである。

（4）　Graham T. Allison, *Essence of Decision : Explaining the Cuban Missile Crisis*, Little, Brown, 1971（『決定の本質』宮里正玄訳・中央公論社・一九七七）; Robert A. Dahl, *Who Governs ? : Democracy and Power in an American City*, Yale University Press, 1961（『統治するのはだれか』河村望・高橋和宏訳・行人社・一九八八）。この二つの業績の方法論については、拙著『政策過程』東京大学出版会・一九九〇参照。

（5）　社会科学の著作を「作品」と見る考え方については、内田義彦『作品としての社会科学』岩波書店・一九八一に示唆を受けた。

同業者のための甚だ私的な後書き

筆者が丸山真男を初めて読んでからもう三〇年になる。京都大学法学部の三年生だった頃、友人たちと政治学の読書会を企画した。そこで取り上げた一冊が、当時は政治学の必読文献であった『現代政治の思想と行動』であった。ちなみに、ゼミの教授であった猪木正道先生からはマックス・ウェーバーの『支配の社会学』を、大学院にいた先輩からはドッブの『資本主義発展の研究』(マルクス主義経済史の古典ということであった)を勧められて、これも同時に読んだ。今から見れば、政治学をこれから学ぼうとする学生が読む書物としては妙な本を選んだと思われるかも知れないが、ウェーバーとマルクスというのは、当時は学生の間でも最も活発に議論されたテーマであり、この三冊は、こうした知的風潮の中でそれぞれが代表的な著作であった。筆者は、この三冊の中では丸山の著作に最も強い印象を受けた。

その後、猪木先生の勧めで(人を見て法を説かれたということであろうか)ボルケナウ、ルカーチ、ローザ・ルクセンブルクといった本を読み、マルクス主義に引かれていった筆者は、梅本克己・佐藤昇・丸山の鼎談『現代日本の革新思想』を読む頃には、丸山よりも(当時、構造改革論の旗手であった)佐藤の議論の方が説得力があるように思えたものである。今にして思えば、マルクス主義、特に六

○年代前期の流行であった新左翼的な初期マルクスについての議論に引かれたのは、当時の若者の多くがそうであったように、本書の最終章で触れた左翼運動がもつサンジカリズム的傾向——権威への反抗・自己権力的アスピレイションとパッショネイトな連帯のエートス——の故ではなかったか、という気がする。

それでも東大法学部の大学院に入ったときには、丸山先生のゼミに勇んで参加した。（筆者にとってマルクス主義への誘因となったボルケナウの『封建的世界像から近代的世界像へ』の魅力は、むしろその心理学的分析の鮮かさ、換言すれば丸山政治学に通ずる要素であったことに気がついたのは、最近のことである。）ところが、ここでは伊藤東涯の漢文を輪読するはめになり、漢和辞典と首っ引きで、友人の助けを借りながらなんとか担当部分を乗り切ることが精一杯であった。その欲求不満もあったのか、本書でも取り上げた石田雄、神島二郎といった丸山門下の著作を読みあさった。これが筆者の「戦後政治学」との本格的出会いであった。本書における「戦後政治学」の対象選択において東大法学部的バイアスが相当に強いのはそのためであり、解釈と評価において一定の距離をもっているのは京大時代のなごりであろう。

その後は、岡政治学の魅力に惹かれて、岡義達先生の導きで社会心理学や文化人類学の著作を読み、それを通じて「行動論的」政治学に、さらには「多元主義理論」へと遍歴していくことになった。研究という地味な生活環境の中で、その代償の如く、学問の世界では寅さんなみの「恋愛遍歴」を続けたわけであるが、当時政治学を志した若者に共通の青春体験であろう。

一旦この近代主義政治学という学派から離れた筆者が「戦後政治学」を再訪することになったきっかけは、十数年前東北大学で二年生担当の政治学の講義を受け持つようになったことである。政治学をこれから学ぼうとする学生に対して、トルーマンやイーストンのような抽象的な話を並べても意味がないと考え、それよりは、戦後の政治学の歴史を具体的な分析対象たる日本の現実と関わらせて講義する方がはるかに学生の興味を引きつけられそうな気がして、本書のような構成で講義を始めた。講義と並行して、その準備も兼ねて、また戦後ドイツとの比較の文脈で、敗戦直後から一九五〇年代の政治の研究も改めて行った。そのため、当時の政治学を批判するという形を借りて、この時代の日本政治についての筆者自身の認識も随所に表現される結果となっている。ただ、戦中、戦前の政治については、筆者はこれまでのところ「禁欲」を守って近づかないようにしているので、その時期に対する観察はなく、あくまで方法論的な批判にとどまっている。

次いで、この講義を下敷きに、東京大学出版会の『UP』誌に、本書のもとになる論文を一一回にわたって連載した。当時は、山口・大嶽論争なる事件で渦中の人となって当惑している最中であったが、二年間の北ドイツ留学から帰ってきたばかりで少し外国ボケしていたのか、あるいは東北的な愚直さが身についてしまっていたためか、敢えてこの企画を続行した。連載中、ある友人（大学関係者ではない）から「よくもまあ、バッタバッタと」という感想を聞いてきた妻の洋子は、「暗くなったら本郷を歩けないんじゃない」と懸念を表明してくれたが、編集者の竹中英俊氏に励まされて（妻の言葉では「そそのかされて」）本書のような形で改めて刊行することにした。本書は、この連載に大幅な加筆、修正を加えたものである。取り上げている学者の数も倍増している。お叱りを受けることになるかもしれぬ先生方も倍増しているわけである。

講義では、実は、京極純一、松下圭一などを経て、筆者自身を含むレヴァイアサン世代、さらには、真渕勝、新川敏光など、より若い世代の政治学者の業績まで取り上げていた。本書へのあまりの批判に竹中氏が辞職を迫られたりしなければ、いずれ続編として登場することになろう。

一九九四年四月一日

大嶽　秀夫

新装版後書き

本書で私が紹介、論評した諸著作は、戦後政治学（そして社会科学一般）の言うなれば原点であり、今や古典となったものばかりである。ほとんどの著作は、天皇制ファシズムと軍国主義がなぜ日本で登場したかへの関心がその研究の出発点となっている。そしてその究明をテーマとしている。

したがって、これらの研究の底流にはファシズムと軍国主義が戦後再び浮上するのではないかという、深い懸念があったのである。

その故にこうした懸念を新聞や月刊誌を通じて活発に表明、発信するに併せて、自らの学術的な研究のテーマとしたのであった。

そうした著作群を、その懸念がほとんど解消された今日、新装して改めて検討の遡上にのせることは、そういった過去の時代に含んでいた文脈を離れて、純粋に学問的に、これらの作品の内容を検討することによって、新たな視点を開くことも意味しよう。（ちなみに、ドイツにおいては大きく事情が異なる。ナチズム研究は現在も歴史家だけでなく政治学者にも熱心に続けられている。読者層も依然厚い。）

今、一つ。本書に登場した著作を特徴づけるのは、その多様なアプローチの手法と学際性である。歴史学、思想史学、社会学、社会心理学、文化人類学、法社会学、経済学などの分野からの多彩な学問的手法をもって、共通の問題関心に導かれながら戦中、戦後の政治社会状況を分析している。これらの著作を読むことは、今もってスリリングな体験である。

現在、狭義の政治学では数理的・統計学的、そして政策過程分析などが主流である。それとはまことに質の異なったこれらの著作を現代の政治学者が読むことには、大きな意味があると筆者は考える。日本でも世界でも社会不安と不満が渦巻く今日、今回の復刊がそうした意義をもって迎え入れられれば筆者にとってこれ以上の喜びはない。

二〇一三年四月末日

大嶽　秀夫

著者略歴

1943 年　岐阜県に生まれる．
1966 年　京都大学法学部卒業．
現　在　同志社女子大学客員教授．
　　　　京都大学名誉教授．東北大学名誉教授．

主要著書

『現代日本の政治権力経済権力』（三一書房，1979 年）．
『日本の防衛と国内政治』（三一書房，1983 年）．
『アデナウアーと吉田茂』（中央公論社，1986 年）．
『再軍備とナショナリズム』（中央公論社，1988 年）．
『政策過程』（東京大学出版会，1990 年）．
『二つの戦後・ドイツと日本』（日本放送出版協会，1992 年）．
『自由主義的改革の時代』（中央公論社，1994 年）．
『高度成長期の政治学』（東京大学出版会，1999 年）．
『日本型ポピュリズム』（中央公論新社，2003 年）．
『新左翼の遺産』（東京大学出版会，2007 年）．
『20 世紀アメリカン・システムとジェンダー秩序』（岩波書店，2011 年）．

新装版　戦後政治と政治学　　UP コレクション

1994 年 6 月 20 日　初　版第 1 刷
2013 年 7 月 19 日　新装版第 1 刷

［検印廃止］

著　者　大嶽秀夫《おおたけひでお》

発行所　一般財団法人　東京大学出版会

代表者　渡辺　浩

113-8654 東京都文京区本郷 7-3-1 東大構内
電話 03-3811-8814　Fax 03-3812-6958
振替 00160-6-59964

印刷所　株式会社三陽社
製本所　誠製本株式会社

ISBN 978-4-13-006502-3　Printed in Japan

「UPコレクション」刊行にあたって

学問の最先端における変化のスピードは、現代においてさらに増すばかりです。日進月歩（あるいはそれ以上）のイメージが強い物理学や化学などの自然科学だけでなく、社会科学、人文科学に至るまで、次々と新たな知見が生み出され、数か月後にはそれまでとは違う地平が広がっていることもめずらしくありません。

その一方で、学問には変わらないものも確実に存在します。それは過去の人間が積み重ねてきた膨大な地層ともいうべきもの、「古典」という姿で私たちの前に現れる成果です。

日々、めまぐるしく情報が流通するなかで、なぜ人びとは古典を大切にするのか。それは、この変わらないものが、新たに変わるためのヒントをつねに提供し、まだ見ぬ世界へ私たちを誘ってくれるからではないでしょうか。このダイナミズムは、学問の場でもっとも顕著にみられるものだと思います。

このたび東京大学出版会は、「UPコレクション」と題し、学問の場から、新たなものの見方・考え方を呼び起こしてくれる、古典としての評価の高い著作を新装復刊いたします。「UPコレクション」の一冊一冊が、読者の皆さまにとって、学問への導きの書となり、また、これまで当然のこととしていた世界への認識を揺さぶるものになるでしょう。そうした刺激的な書物を生み出しつづけること、それが大学出版の役割だと考えています。

一般財団法人　東京大学出版会